어쩌면
살아볼 만한
삶이겠다

삶이 버거운 당신에게,
살아볼 만한 이유를 전해줄
가장 따뜻한 기록

이서연 에세이

어쩌면 살아볼 만한 삶이겠다

이서연 에세이

프롤로그
잃어버린 감정들을 찾아서

당신은 어떤 글을 읽고 위로받나요?

개인적으로 저는 참 솔직한 글을 읽을 때, 왠지 모르게 더 공감이 가고 힘을 얻습니다. 근데 아이러니하게 저는 스스로에게 감정적으로 솔직하지 못할 때가 많았습니다. 몸이 아파야 그동안 심적으로 지쳐 있었다는 걸 깨달았고, 화를 내는 게 정상인 상황에서도 지금 내가 무슨 감정인지 몰라 웃어넘기곤 했습니다. 그래서일까요? 나를 대신해서 내 감정을 솔직하게 표현해 준 누군가의 글을 읽으면 그렇게 눈물이 날 수밖에 없었습니다.

사람은 자신에게 솔직하지 못할 때 즉, 깊은 마음속 어딘

가에서 내 이야길 들어 달라고 외치고 있는 자신을 외면할 때, 틈이 점점 벌어집니다.

아프면 아프다고 인정하는 것, 힘들단 걸 알아차리면 충분히 쉬어 가는 것, 흔히 말하는 부정적 감정을 애써 무시하지 않는 것.

사실, 머리로는 이해가 가도 실천하기엔 너무 어렵다는 걸 잘 알고 있습니다. 그래서 저는 '슬픔과 우울을 극복하자', '무기력한 내 마음을 돌보자'와 같이 흔히 들을 수 있는 구절 말고, 이 책을 통해 당신에게 '감정' 그 자체를 전달하고 싶습니다.

글로써 보내지는 감정들을 통해 당신이 솔직함에 반응할 수 있으면 좋겠습니다. 그래서 이 책이 그저 한 사람의 에세이로 여겨지는 것이 아니라 당신이 자신의 감정에 솔직해질 수 있도록 도움을 주는 용기 그 자체가 되면 좋겠습니다.

그런 의미로 여러분의 감정을 되찾아 줄 이야기,
지금 시작합니다.

작가 이서연

(차례)

프롤로그
잃어버린 감정들을 찾아서　　　　　　　　　　　　6

★ 1장
우리의 우울이 찬란해지는 순간

- 우는 건 어쩔 수 없고 웃는 건 어쩔 수 있다　　　17
- 행복해지기 위해 태어났음을　　　　　　　　　　21
- 혼자만 힘들어 보이는 환상　　　　　　　　　　　23
- 하물며 우리는　　　　　　　　　　　　　　　　　27
- 울음의 메아리　　　　　　　　　　　　　　　　　28
- 지쳐도 되니까 지겹지 않게 해달라고　　　　　　29
- 자격이 필요하지 않은 행복　　　　　　　　　　　32
- 누가 멈춰 있는 걸까　　　　　　　　　　　　　　33
- 너무 오래도록 그러진 말아요　　　　　　　　　　37
- 깊은 곳에 숨긴 쉬워도 깊은 곳에서 꺼내는 건 어려워　38
- 적어도 한 사람은　　　　　　　　　　　　　　　42

˘ 어둠을 바꾸기보다 기다리는 것　　　　　　43

˘ 늦은 밤 어디론가 사라지고 싶은 그대에게　　47

˘ 마음의 그릇　　　　　　　　　　　　　　　48

˘ 공허함은 본래 내재하여 있다　　　　　　　49

˘ 내가 쌓는 담의 모순　　　　　　　　　　　54

˘ 괜찮다는 말이 위로되지 않을 때　　　　　　58

˘ 어려운 목표　　　　　　　　　　　　　　59

˘ 오늘은 그런 날　　　　　　　　　　　　　63

˘ 내가 살아가는 이유　　　　　　　　　　　65

˘ 미소가 중천에 걸리는 날　　　　　　　　　69

˘ 굴곡진 길　　　　　　　　　　　　　　　71

✳ 2장
우린 꽤 괜찮은 사람이란 걸 알아차리고

˅ 감히 저울질할 수 있을까요   73
˅ '힘들다'라는 말로는 부족할 정도로   77
˅ 가로등처럼   79
˅ 이제 몰래카메라에서 벗어나자   80
˅ 도금하지 말자   82
˅ 이왕이면 행복하자   83
˅ 세상이 알려주지 않은 한 가지   84
˅ 다른 사람의 눈치 보지 않는 법   88
˅ 놓지 못할 관계는 없기에   89
˅ 비슷한 온도의 차가움   91
˅ 나도, 너도   92
˅ 지금은 좀 어때   95

˅ 저마다의 사정 97
˅ 열심히의 부작용 99
˅ 배를 품은 바다 104
˅ 몰랐던 취미 106
˅ 책임감 108
˅ 마침표 111
˅ 다치지 않을 만큼만 112
˅ 주관적이라서 다행이야 113
˅ 내 마음속 CCTV 116
˅ 기꺼이 바보가 된다는 건 120
˅ 그런 날 있잖아 122
˅ 새해 다짐 123

3장
불안이 우릴 지켜주는 순간

- 요긴하게   127
- 불안해도 난 여전히 살아 숨 쉬는걸   131
- 후폭풍   133
- 대상포진   134
- 꽃은 어디서 피든 꽃이다   136
- 험난한 세상에서 당신이 잘 살아가고 있다는 증거   140
- 나의 소설   141
- 이 정도라면 해볼 만하겠다   142
- 봄은 곧 온다 꼭 온다   147
- 불안을 다스리는 근육 이완법   148
- 또 다른 나   149
- 만약 실패가 아니라면   150

- 성취 중독　　　　　　　　　　　　　154
- 이상 신호　　　　　　　　　　　　　156
- 직업은 도구일 뿐　　　　　　　　　　158
- 나는 하루 동안 무얼 했을까　　　　　162
- 내 목소릴 듣자　　　　　　　　　　　164
- 내 건 어디에 있을까　　　　　　　　　165
- 느끼기엔 너무 작지만 가까운 감정　　170
- 단순하되 세심하게　　　　　　　　　171
- 평범함　　　　　　　　　　　　　　173
- 사실은 내 편　　　　　　　　　　　　174
- 행복해지고 싶다는 소망　　　　　　　178
- 불안을 다스리는 체크리스트　　　　　180

4장
나도 너도 사랑할 수 있을 거야

ˇ 사랑에 몸과 마음을	183
ˇ 부정성 편향	186
ˇ 순수함을 서로가 공유할 때	188
ˇ 사랑을 알게 된 시점	191
ˇ 떡볶이 먹으러 가자	193
ˇ 오로지 당신을 위한 기도	194
ˇ 막연한 불안감 속 확실함	195
ˇ 둘이어도 우리니까	198
ˇ 아픈 모습조차	200
ˇ 사랑의 크기를 비교하기엔 서로가 너무 소중한걸	202
ˇ 상이와 수용	203
ˇ 사랑은 물 같은 거야	207
ˇ 사랑하는 시간이 금	208
ˇ 11시 11분	209

- 아샷추 210
- 딱 여름만큼 사랑해요 214
- 사랑의 본질만 가져갑시다 217
- 상상 이상으로 221
- 사랑한다면 그만두자 222
- 사랑이 남긴 건 그리움이 아니야 224
- 내 멍은 붉은색입니다 228
- 조금은 객관적이게 230
- 사람답게 살고 싶다 232
- 익숙해지는 게 필요해 234
- 살기 위해 236

에필로그
이제는 살리기 위해 글을 씁니다 238

(1장)

우리의 우울이 찬란해지는 순간

우는 건 어쩔 수 없고
웃는 건 어쩔 수 있다

"사소한 일에도 금방

우울해지는 내 기분을

나도 주체할 수가 없어요.

어떻게 해야 기분을 조절할 수 있을까요?"

 어떤 사람은 입시와 승진과 같은 큰 목표를 이루지 못했을 때 우울감을 느끼기도 하고, 또 어떤 사람은 길을 지나가다가 힘없이 떨어지는 나뭇잎을 보고 우울감을 느끼기도 합니다. 반대로 어떤 사람은 자신이 원하는 취업에 성공했을 때 기쁨을 느끼기도 하고, 또 어떤 사람은 집에 가며 사 먹는 아이스크림에 기쁨을 느끼기도 합니다. 그런데 여기서 우리는 작은 것에 큰 기쁨을 느끼는 사람에게 "당신은 왜 고작 이 것 가지고 그렇게 기뻐하나요?"라고 따지지 않습니다. 이렇듯 사람마다 감정을 느끼는 역치값 즉, 어떤 것을 불러일으키는 최소한의 자극이 다 다른 것이죠. 그렇다면 우울감을 느끼는 역치값도 사람마다 다른 셈인데, 사소한 일에도 금방 우울해지는 자신을 보고 "나는 왜 고작 이런 사소한 일로 우울해하는 거야?"라며 속상해할 필요가 없지 않을까요?

사실, 부정적인 감정은 밀물처럼 순식간에 온 마음을 덮어버려서 스스로 조절하기가 쉽지 않습니다. 이미 자릴 차지하고 있는 감정을 밀어내는 것은 더더욱 쉽지 않죠. 만약 부정적인 감정을 밀물이라고 치면, 일부러 그 물을 퍼내려고 할 때 더 많은 물이 한껏 높아진 파도와 함께 찾아올 것입니다.

그러면 우린 언제나 부정적인 감정과만 살아가야 할까요? 다행히 그건 아닙니다. 밀물이 있다면 반드시, 썰물도 있기 때문이죠. 갑자기 찾아온 부정적인 감정도 때가 되면 조금씩 차차 물러갑니다. 그래서 우리는 밀물이 빨리 썰물로 바뀌길 기대하는 것보다, 썰물이 되었을 때 빨리 나갈 수 있도록 도움을 주는 것이 훨씬 편할지 모릅니다.

단, 부정적인 감정이 내 마음속에서 자릴 비켜줄 때가 오면 우리가 해야 할 연습이 있습니다. 바로, 행복을 느끼는 시간을 더 오래도록 지속시키는 것입니다. 여기서 헷갈리지 않아야 할 점은 행복을 의도적으로 느끼려고 노력하는 것이 아닙니다. 긍정적인 감정이 자연스럽게 찾아올 때, 그걸 놓치지 않는 게 중요합니다.

어쩌면 우리는 어렸을 때 이러한 연습을 너무나 자연스럽게 하고 있었습니다. 예를 들어, 급식 반찬에 소시지가 나오면 며칠 전부터 기대하고, 맛있게 먹고 나서는 그 기억으로 하루 종일 웃음꽃이 가득 피고는 했죠. 그뿐만일까요? 학교에서 상장을 받으면 상의 크기와 상관없이 자랑스러워하고 며칠이 지나도록 그 자신감을 잃어버리지 않곤 했습니다. 하지만, 언제부터인지 살아갈수록 정말 자신이 원하던 큰 목표를 이루어 내도 금방 공허해지고 또 다른 행복을 갈급해하는 모습을 발견할 수 있습니다.

이제는 다시 한번 그 연습을 해볼 시기가 찾아온 것 같습니다. 기쁨을 주는 대상이 작은 것이든 큰 것이든 상관없습니다. 다만, 그 기쁨이 찾아왔을 때 적어도 일주일 아니, 3일만이라도 행복해하는 우리가 되면 좋겠습니다. 그리고, 애써 부정적인 감정을 밀어내려고 노력하기보다 지금 나에게 주어진 긍정적인 감정을 잘 간직하면 좋겠습니다.

우울을 밀어내기 위해

애쓰지 말아요.

새로운 행복을 찾기 위해

애쓰지 말아요.

지금

이 순간

찾아오는 행복을

곱씹으세요.

행복해지기 위해
태어났음을

혹시 "자신의 힘듦을 수용하는 태도가 중요해요."라는 말을 들어본 적 있나요? 생각보다 많은 사람이 이 말을 듣고 "맞아, 사실 뭘 해도 힘든 건 당연해. 그냥 힘들면 힘든 대로 살자."라고 오해하곤 합니다.

이러한 생각은 힘듦을 '수용'하는 것이 아니라 '디폴트 값'으로 정하는 것입니다. 그렇게 되면 내가 무엇을 할 때 정말 행복한지 알기가 어려워집니다. 심지어, 내가 세운 목표가 갑자기 허상처럼 보이기도 합니다.

수용하는 태도는 쉬우면서도 참 어려운 것 같습니다. 먼저 내가 힘든 상태라는 걸 알아차린 후 쉬어갈 수 있는 용기까지도 필요하기 때문입니다. 그래도 내 아픔을 받아들이는 연습의 첫걸음으로써 우리, 이 한 가지만 알아차리면 어떨까요? 우리는 모두 행복해지기 위해 이 세상에 태어났다는 것을요. 그 누구 한 명도 아프고 고통받기 위해 살아가고 있는 게 아니라는 것을요.

혼자만 힘들어 보이는 환상

"사람들 저마다

상처 하나씩 가지고 산다는데

왜 저만 혼자

이렇게 고통스러운 것 같을까요?"

유난히 이 세상에 나 혼자만 힘들어 보일 때가 있습니다. 그때마다 늘 했던 생각은 '왜 나만⋯ 도대체 다른 사람들은 어떻게 이 고통을 극복하며 살아가는 걸까?'였습니다.

특히, 낮이 되면 생각이 더욱 깊어져 절 괴롭히곤 했습니다. 아무래도 활동적인 시간대라서 그랬을까요. 사람들이 아무렇지 않게 웃으며 밥을 먹고, 피곤해하며 일을 하는 모습을 보면 행복해하는 그들의 감정보다는 일상을 이어가고 있다는 그 자체가 부러웠습니다.

그런데 어느 날, 그 부러움을 내려놓게 된 순간이 있었습니다. 평소 존경하던 선생님과 함께 이야기를 나누던 참이었죠.

쏟아져 내리는 일과 인간관계로 너무 힘들다고 털어놓았는데, 선생님께서 제게 위로를 건네며 자신의 아픈 이야기도 꺼내주셨습니다. 선생님께선 자신도 때로 밤에 잠이 들면 아침에 깨어나지 않았으면 하는 바람이 있었다고 말씀하셨습니다. 그 말을 들었을 때 저는 솔직하게 조금 놀랐습니다. 겉으로는 전혀 힘든 내색을 하지 않고 언제나 안부를 물어봐 주시며 제 마음 건강을 책임져 주시던 분이었기 때문입니다.

그때, 마음속에 잊고 있던 사실 한 가지가 떠올랐습니다. '아, 다들 그 고통, 극복하는 게 아니었지. 무의식중으로 손톱만큼의 작은 기대와 희망을 품으면서 살아가는 거였지.'

다시 생각해 보니 나도 마찬가지였습니다. 다 포기하고 싶을 정도로 힘들어하면서 어찌저찌 일상을 버텨가고 있었습니다. 속은 시꺼멓게 탄 흔적이 곳곳에 있지만, 겉으로는 밥도 먹고 일도 하고 애써 웃기도 했습니다.

오늘도 하루를 살아가며 고통을 속 깊이 삭여야 할지도 모르겠습니다. 하지만, 이제는 우리 모두 그렇게 살고 있음을, 또 우리 모두 가슴 속에 작은 기대 하나쯤은 품고 살고 있음을 알았으니, 더 이상 혼자가 아님을 기억했으면 좋겠습니다.

어쩌면 사람들은

각자가 가진 상처를

극복하려고 애쓰기보다

정말 작은 기대와 희망을

무의식중에 품으며

살아가는 것일지도.

그렇게 함께

일상을 살아가는

우리일지도.

하물며 우리는

　날씨가 무척 더워지고 있더라, 곧 비가 오려나 봐. 그나저나 요즘 너의 마음은 좀 어때? 혹시 열정에 불타다가 한순간에 주저앉아 울고 있는 건 아닐지 걱정이 돼. 그래도 너무 자책하지 않았으면 좋겠어. 저렇게 경이로운 하늘도 해를 품고 있다가 너무 뜨거운 나머지 꺼이꺼이 눈물 흘리는데, 하물며 우리라고 다른 게 있을까. 괜찮아, 괜찮아.

울음의 메아리

 사랑하는 사람아, 차마 말하진 못했지만 네가 주저앉아 우는 모습을 보면 내 마음이 찢어지는 것 같아. 내가 대신 아파하지 못해 미안할 뿐이야.

 사랑하는 사람아, 마음껏 울어줄래. 내가 네 울음의 메아리가 되어 세상 사람들 모두 너의 슬픔을 알 수 있도록 할게. 너를 위해 같이 울 수 있는, 그래서 너를 안아줄 수 있는 세상을 만들어 볼게.

 혹여 눈물이 앞을 가리면 애써 눈 뜨지 않아도 돼. 네 손을 꼭 잡아서 '나 지금 네 옆에 있어.'라고 알려줄게. 그 자리에 그대로 있어 줄래. 너의 곁은 내가 지킬게.

지쳐도 되니까 지겹지 않게 해달라고

"행복이 있다면

분명 아픔도 있겠죠.

근데 이젠 그 반복이 지쳐요.

아니 지겨워요."

 인생에 굴곡이 있다는 말. 기쁨이 있다면 슬픔도 있다는 말. 지금 힘들어도 곧 행복해질 거라는 말. 이제는 너무 잘 알고 있습니다. 하지만, 유독 나의 하향 곡선은 다른 사람보다 기울기가 가파릅니다. 그래서 어느 순간 낭떠러지 앞에 서 있는 나를 발견하곤 합니다. 게다가 수없이 반복되는 곡선의 굴곡 탓일까요 나에겐 때때로 아니, 자주 우울감이 찾아온다는 사실을 인정합니다.

이러한 시기가 올 때마다 나를 절벽 앞에 내몰아치다보면 점점 미래에 찾아올 행복을 기약하기가 어렵습니다. 그래서 이제는 굴곡의 반복이 지겨운가 봅니다. "다시 웃는 날이 올 거야."라는 말이 위안이 되지 않으니까요. 그리고 어쩌면 그 말은 눈물을 흘려야 할 때가 또 온다는 말처럼 들리니까요. 즉, 다시 낭떠러지 앞에서 온몸에 잔뜩 힘을 주었다가 지쳐서 털썩 주저앉아야 한다는 말이겠지요.

언제부터인가 예고했던 곡선이 또 한없이 요동칠 때, 자연스레 두 손 모아 기도하는 습관이 생겼습니다. 내가 이 삶을 지겨워하지 않게 해달라고. 그리고, 두 다리에 힘이 풀려서 넘어져도 좋으니 이 낭떠러지에서 떨어지지만 않게 해달라고.

그래야 내일 찾아올 행복을 기약할 수 있을 테니.

두 손 모아
기도해요.

넘어져도 좋고
지쳐도 좋으니
이 삶을 지겨워하진 않기를.
이 삶의 낭떠러지에서
떨어지진 않기를.

부디
내일의 행복을
기약할 수 있도록.

자격이 필요하지 않은 행복

마음이 많이 곪아 있는 사람은 다른 사람들이 보기에 일이 잘 풀리는 것 같은 상황이 와도 여전히 공허하고 심해에 자주 빠지며 공허해하곤 한다. 쉽게 행복을 느끼기엔 불안한 마음이 들어서일까.

그래도 나는 당신이 살아주었으면 좋겠다. 꼭 당신이 행복해지면 좋겠다. 아니, 비록 행복하지 않은 순간이더라도 곪은 상처가 터지지 않도록 잘 달래주면 좋겠다.

그리고, 이 사실을 꼭 잊지 말자. 행복엔 절대 자격이 필요하지 않다는걸. 그만큼 당신은 충분히 행복해도 된다는 걸.

누가 멈춰 있는 걸까

"세상 사람들은 바쁘게 움직이는데
내가 바라보는 나는 왜 한없이 멈춰 있을까요.
나 잘하고 있는 게 맞는 걸까요?"

버스를 타고 창문을 바라보면 가끔 내가 움직이고 있는 건지 창밖의 자동차가 움직이고 있는 건지 헷갈릴 때가 있습니다. 특히, 버스가 빨리 달릴수록 더 착각하기 쉽습니다.

삶 속에서 우리가 세상을 향해 바라보는 시선도 마찬가지입니다. 다른 사람들은 바쁘게 살아가는데 유독 나만 뒤처진 것 같은 느낌에 답답함을 느끼죠. 지금 내가 잘하고 있는 게 맞는지, 무언가를 더 해야 하는 건 아닌지 고민하면서 말이에요.

하지만, 그 생각이 반대로 뒤집힐 수도 있습니다. 다른 사람들이 정신없이 움직이는 게 아니라 사실, 내가 열심히 움직이고 있어서 상대방의 모습이 그렇게 보였던 것입니다. 나는 멈춰 있지 않고 그 누구보다 치열하게 살아가고 있었음에도 불구하고요.

그러면 왜 우리는 이렇게 착각하며 고통스러워하는 걸까요? 그 이유는 단어 '유독'에 숨겨져 있습니다. '유독' 나만 뒤처진 것 같아서 스스로에게 적용하는 기준이 엄격해지는 거죠. 다른 사람을 볼 때보다 자기 자신을 바라볼 때, 있는 그대로의 시선이 아니라 평가의 시선으로 보기도 하고요. 게다가 높아도 그 기준이 얼마나 높은지 조금만 도달하지 못해도 쉽게 좌절하곤 합니다.

보통 우리는 어떤 부족함을 느낄 때, 그것에 대해 비교적 높은 목표를 잡고 이를 성취하고자 하는 경향이 있습니다. 자신에게 높은 기준을 적용하는 것도 비슷한 맥락입니다. 스스로 "아직 아니야. 조금만 더 해야 해."라고 되뇌이며 자신에게 높은 기준을 적용하죠. 그런데 우리는 분명 스스로에게 부족함을 느끼지만, 목표를 성취함으로써 이를 채우는 것이 아니라 다른 사람들의 인정을 통해 해소하려고 합니다. 그리고, 막상 인정받으면 또다시 미흡하다고 느껴서 기준을 높이는 모습을 발견할 수 있습니다.

사실 그 결핍은 남들이 채워줄 수 없는 영역입니다. 오로지 나 자신만 이를 해결할 수 있는 열쇠를 지니고 있습니다. 또다시 스스로 뒤처져 보일 때, 더 해야 한다는 압박감이 찾아올 때, 이렇게 마음속으로 외쳐봅시다. "이 정도면 꽤 괜찮아" 이왕이면 목소리 내서 3번 반복합시다. "지금으로도 이미 충분해" "나는 절대 부족하지 않아" "바쁘게 달리고 있는 사람은 바로 나야"

열심히 달리고 있는 주인공은 나 자신임을 기억했으면 좋겠습니다. 그리고, '더욱더'라는 단어로 자신을 아프게 하지 않았으면 좋겠습니다.

다른 사람을 보느라
누구보다 열심히 사는 당신을
놓치지 마세요.

내 모습은
지금도 충분합니다.

너무 오래도록 그러진 말아요

 당신이 힘들고 지칠 때, 자신을 채찍질하지 않았으면 좋겠습니다. 가끔은 남들에게 상처받기 싫어서 오히려 자신을 아프게 한 당신이지만, 너무 오래도록 그러지 않았으면 좋겠습니다. 당신이 조금이라도 그 고통에서 벗어나 덜 아팠으면 좋겠습니다. 힘겨운 상황 속에서도 그 안에 자그마한 행복이 찾아오면 좋겠습니다.

깊은 곳에 숨긴 쉬워도
깊은 곳에서 꺼내는 건 어려워

"너무 슬프고, 너무 우울한데
더 미치겠는 건
내 눈앞에 아무도 없다는 거예요."

　그런 날이 있습니다. 스쳐 지나가는 사람들의 미소가 나는 절대 가질 수 없는 것 같이 느껴져서 슬플 때. 아니, 이걸 슬픔이라고 표현하기엔 너무 옅은 색깔이라서 검은색에 가까운 남색의 우울이라고 말하고 싶은 날. 당연히 여기서 벗어나고 싶은 생각이 들지만, 함부로 이 감정을 무시하기엔 너무 무거운 짐이 될까 봐 이러지도 저러지도 못하는 것 같습니다.

누군가가 나를 건져 준다면 이야기가 달라질까요. 하지만, 머릿속엔 이미 아무도 곁에 존재하지 않습니다. 나를 사랑하는 사람들이 왜인지 보이질 않습니다. 각자만의 상황과 이유로 내가 이 구덩이에 빠져 있는 사실조차 알지 못하는 듯합니다. 이제는 사람이 없는 걸 넘어 주변이 전부 깜깜해져서 괜히 불안하기까지 합니다. '왜 아무도 없지? 그들은 왜 모를까? 나 이렇게 허우적거리는데.'

그런데, 지나고 보니 그 생각은 참 순수하면서도 어리석었다는 걸 알게 되었습니다. 마치 어렸을 적 엄마에게 "엄마, 나 저 하늘에 있는 달 가지고 싶어. 사주면 안 돼? 응?"이라고 말하며 보채는 것처럼 말이죠. 사실, 나는 다른 사람들이 볼 수 있는 구덩이에 빠진 게 아닙니다. 아무도 모르는 내 마음속 깊은 땅굴에 갇힌 것이죠. 그런데도 사람들이 그걸 먼저 알아차려 주길 바랐던 것입니다.

애석하게도 날 아무리 사랑하는 사람들조차 나의 우울을 완전히 알아줄 수는 없습니다. 땅 밖에 구호를 외치는 깃발이 꽂혀 있지 않는 한, 맨땅을 파서 나를 찾아 주는 건 너무 어려운 일이기 때문입니다. 그런데, 이 말을 다시 곱씹어 보면 홀로 암흑에 갇힌 것 같은 기분이 절대 이상한 건 아니라는 것과 같습니다. 그렇다고 내 슬픔을 몰라주는 주변 사람들의 잘못도 전혀 아닙니다. 그저 인간의 마음이란 게 워낙 깊은 곳에 있어서 꺼내지 않으면 아무도 모를 뿐이죠.

깊숙이 숨는 건 쉽습니다. 하지만, 깊은 곳에서 꺼내는 건 쉽지 않습니다. 그래도 우리, 조금이나마 숨쉬기 위해서는 꺼내야 하지 않을까요? 그게 새끼손가락 한 마디든 머리카락 한 올이든 조금이나마 티 내야 하지 않을까요? 우릴 아끼는 사람들이 힘들어하는 나를 발견이라도 할 수 있도록 기회를 주면 좋지 않을까요?

나의 우울을

누군가 완전히

알아주기까지는

물론 그 사람의 공감과

적절한 타이밍도 중요하지만

그 무엇보다

힘듦을 티 낼 수 있는

나의 용기가 선행되어야 함을

기억하기를.

그 용기로

오늘 하루도 버틸 수 있음을

기억하기를.

적어도 한 사람은

당신이 스스로를 쓸모없다고 여기는 모습을 보았습니다. 하지만, 제가 본 당신은 분명 귀한 사람입니다. 당신이 있기에 당신의 주변 사람들은 한 번이라도 더 웃는걸요.

그런 당신임을 알기에 한 번이라도 더 감싸줄 겁니다, 적어도 여기 한 사람은 확신하며. 지금도 내 옆에 귀한 사람이 여전히 존재해 주어서 미소를 지어 봅니다.

어둠을 바꾸기보다 기다리는 것

"하늘은 밤처럼 어두울 때도
달과 별이 빛나면서 아름다운데
왜 내 마음은 그저 어둡기만 할까요.
저도 반짝 빛나고 싶어요."

 요즘 도시에서 밤하늘을 보고 있으면 예전에 환하게 쏟아 내리던 별들을 보기가 힘듭니다. 눈을 크게 뜨고 간신히 찾아낸 반짝거림이 사실 별이 아니라 인공위성이었다는 걸 깨닫고 실망한 적도 있었죠. 그래도 가끔 도심 속을 벗어나 시골로 여행을 떠나면 그때 본 밤하늘을 잊을 수가 없습니다. 어찌나 아름답고 빛나는지 카메라 렌즈로는 다 담지 못할 만큼의 소중한 장면입니다.

그러고 보니 하늘은 언제나 우리에게 같은 모습을 보여주고 있던 것 같습니다. 늘 은하수를 수놓으며 매일 밤 새로운 빛을 주면서요. 오히려 우리가 살아가는 세상 안에서 밤에도 꺼지지 않는 건물 불빛과 조금은 탁한 공기가 맑은 하늘을 가리고 있던 것입니다. 자연스레 하늘을 올려다볼 기회도 줄어들게 하면서 말이죠.

어쩌면 우리 마음도 이와 마찬가지 아닐까요? 반짝 빛나고 싶던 내 마음을 바라보면 늘 어두웠습니다. 그렇게 깜깜한 무채색인 줄만 알았던 마음속을 가만히 들여다보았는데, 저 멀리 조그마한 빛 하나가 희미하게 보일 듯 말 듯 합니다. 어떻게든 그 빛을 살려보고자 영양분을 가득 주었습니다. 자존감을 회복하기 위한 방법을 찾아보고, 긍정적인 마인드셋도 가지기 위해 노력했습니다. 그런데 어째서인지 점점 빛이 희미해져 갑니다. 가끔 마음속에 전구가 새롭게 달려서 주변이 잠깐 밝아지는가 싶더니 그 빛은 처음에 내가 발견한 게 아닐뿐더러 금방 꺼져버립니다. 지쳐서 포기할 때쯤 문득 이런 생각이 들었습니다.

'저 빛을 살리려고 애쓰지 않고 가만히 바라봐 주어야겠다.'

그러고는 묵묵히 기다렸습니다. 어둠 속에서 비가 와도

눈이 와도 변화를 만들어 내기보다는 기다렸습니다. 그리고 온전히 받아들였습니다, 깜깜함을.

그러자 서서히 빛이 밝아지기 시작했습니다. 분명 주변은 더 깜깜해졌는데, 그 빛은 이상하게 더욱더 밝아졌습니다. 아직 낮처럼 마음속이 모두 환하지는 않지만, 충분히 그 아름다움을 오래도록 간직할 수 있을 만큼 빛났습니다.

우리는 저마다 마음속에 빛 하나씩 가지고 살아갑니다. 물론, 기쁘고 웃음이 넘치는 나날이면 우리 눈에 잘 띄지 않습니다. 꼭 그 빛이 아니더라도 이미 밝으니까요. 하지만, 슬프고 지칠 때면 유독 그 빛이 더욱 빛납니다. 그리고, 묵묵히 우릴 기다립니다. 언제나 한 자리에서 환히 빛을 내고 있던 자신을 발견할 때까지.

사람들은 아프고 힘들 때 이를 극복하기 위해 노력합니다. 어둠 속에서 벗어나려고 이것저것 시도합니다. 물론, 그러한 노력이 도움이 될 때도 있지만, 빛은 어두울 때 더욱 빛난다는 사실을 기억했으면 좋겠습니다. 동시에 어둠은 우리에게 빛을 알려 준다는 사실도 함께 잊지 않았으면 좋겠습니다.

당신의 밤에도
밝게 빛나는 별 하나가
있습니다.

그 별이
빛을 낼 수 있도록
어둠 속에서 바라보아요.
우리가 할 수 있는 건
깜깜한 밤에 그 별이
밝게 떠오르는 '그때'를
기다리는 것뿐이니까요.

늦은 밤 어디론가 사라지고 싶은 그대에게

오늘도 어찌저찌 버텼다, 우리. 그치? 내일이 오지 않았으면 좋겠는데 그만 버텨도 될 것 같은데 결국 우린, 아침 해를 볼 것 같아.

맞아, 우리 그렇게 하루하루 살아내 본 사람들이잖아. 죽을 것만 같아도 버텨 본 사람들이잖아. 난 그 힘을 믿어, 우리 안에 잠재되어 있는 '우릴 살아가게 만드는 힘'을 믿어.

그러니까 우리, 지금 눈 딱 한 번만 더 감고 내일 아침에 다시 눈 떠 보자. 우린, 다시금 하루를 살아갈 힘이 있을 정도로 멋진 사람이니까.

마음의 그릇

나도 모르게 자꾸만 눈물이 난다면 그건 내 마음의 그릇이 더 이상 짐을 담기 힘들어서가 아닐까. 그래서 물이 넘쳐 흐르는 건 아닐까. 우리, 이제 조금은 담고 있던 것들을 비워보자. 잠깐이라도 마음에 틈을 내어 숨 쉬어보자.

공허함은 본래 내재하여 있다

"어떤 걸로도 채워지지 않는
이 공허함은
언제쯤 사라질까요?
시간이 지날수록 점점 커져만 가요."

공허함을 해소하기 위해 어떤 것을 해보았나요? 게임? 여행? 일? 아니면 사랑? 우리는 텅 빈 것처럼 느껴지는 허함이 싫어 온갖 것들로 그 공간을 채워 넣으려고 합니다. 하지만, 어떤 것을 해도 쉽게 채워지지 않는 것이 사실이죠. 게다가 공허함은 다른 욕구와 감정을 계속 삼켜서 마치, 아무리 먹어도 끝없이 배고픈 존재와 같습니다. 그래서일까요? 지난날을 돌이켜보면 그렇게 행복한 순간에도, 모든 것을 다가졌다고 느낀 그때에도, 무언가를 항상 부족해하곤 했습니다. 심지어 행복을 잃어버린지도 모른 채 또 다른 무언가를 찾아 헤매면서 말이죠.

 사실, 공허함은 내 마음속에 있었다가 없었다가 하는 존재가 아닙니다. 어쩌면 늘 우리와 함께 있었을지도 모릅니다. 잠시 우리가 깜빡 잊고 있던 시기가 사이에 있을 뿐이죠. 오히려 본래 사람 안에 내재한 감정이라서 다행입니다. 무언가 항상 존재한다는 건, 그걸 받아들이는 것도 쉽습니다. 즉, 한 마디로 '왜 또 공허하지? 왜 허한 게 안 채워지지?'라고 생각할 필요 없이 '다시 공허함이 찾아왔네. 이번에는 어떤 걸로 잠시 잊어볼까?'라고 생각하면 훨씬 마음이 편안해진다는 것입니다.

 혹시 사라지지 않는 공허함을 느끼고 이로 인해 무기력해지진 않나요? 그리고 매 순간 빈 공간을 채우기 위해 벅차게 살아가고 있진 않나요? 그렇다면 이제는 더 이상 공허함을 '피하고만 싶은 존재'로 보지 않았으면 좋겠습니다. 원래 내 안에 살던 친구이니, 찾아올 땐 반갑지 않더라도 문을 열어주며 잠시 자릴 내어주면 좋겠습니다.

내 안에 존재하는 감정에게
잠시 자릴 비켜주는 것.

불편한 감정이라고
매몰차게 내보내지 않는 것.

그것이 바로
내 마음이 평안해지는
시작점입니다.

살아있음의 기적

오늘도 그저
살아있음의 기적을 보여준
당신이 고맙습니다.

오늘도 당신의 심장이
쿵, 쿵,
소리를 내며 박자를 다해주어서
고맙습니다.

오늘도 당신의 입술을 통해
세상의 찬 냉기를
당신의 따뜻한 숨으로 바꾸어주어서
고맙습니다.

오늘도 당신의 마음이
마음껏 감정을 느낄 수 있게 솔직해주어서
고맙습니다.

오늘이 어떤 하루이었든 간에

그저 살아있음의 기적을 보여주어서

당신이 참 고맙습니다.

내가 쌓는 담의 모순

"때론 우울한 내 자신이 미워요.
행복하기만 했으면 좋겠고
더 이상 울지 않고 웃는 날만
존재했으면 좋겠어요."

　어렸을 적 저는 항상 긍정적인 사람이었습니다. 긍정의 아이콘이라고 친구들 사이에서 불릴 만큼 감사가 넘치는 아이였죠. 그땐, 슬픔을 이해하지 못했고 우울은 더욱이 알지 못했습니다. 아니, 사실 모른 척했습니다. 눈물을 흘리는 내 모습이 너무 미워 보여서 베개에 얼굴을 파묻고 운 밤이면 그다음 날 아침에 '어제 뭐가 그렇게 슬퍼서 울었을까?'하며 괜한 죄책감을 느꼈습니다. 한 마디로, 담을 쌓았습니다.

부정적인 감정과 마주하기 싫어서 긍정적인 감정의 편만 들어줬습니다.

그랬던 제가 무기력과 스트레스로 몸과 마음이 망가졌을 땐, 반대로 긍정적인 감정과 담을 쌓기 시작했습니다. 심지어, 계속 흐를 것만 같던 눈물샘이 마르고 나서는 이런 생각이 들었습니다. '아, 행복해지고 싶은데, 행복해지기 싫다. 행복해지면 안 될 것 같고 왠지 모르게 불안하다.'

나도 모르게 한 쪽 감정에만 치우치며 편식하듯 내 기분을 가렸던 건 열심히 마음 속에 벽돌을 쌓았기 때문이었습니다. 나를 보호해 줄 것이라 믿으며 애써 쌓은 담은, 스스로의 마음을 건강하지 못하게 만드는 장애물이 되었습니다.

우리는 실생활에서도 나랑 친한 사람들한테만, 내 물건에만, 즉, 나랑 가까운 것에만 평화를 유지하려고 합니다. 심지어, 감정까지도 말이죠. 나한테 편한 감정, 익숙한 감정에만 잘해주고 나머지 감정의 진짜 모습은 보려고 하지 않습니다.

어쩌면, 진정한 평화는 가리지 않을 때 나타나는 것 아닐까요? 기쁨, 슬픔, 설렘, 두려움, 즐거움, 불안감 등 여러 감정을 가리지 않고 충분히 느낄 때, 비로소 내 마음이 더 튼튼

하고 건강해지지 않을까요? 덜 힘들기 위해 스스로 담을 쌓는 행동이 오히려 나를 더 힘들게 할 수 있다는 사실을 기억했으면 좋겠습니다.

건강한 마음을 가진다는 건
가리지 않는 평화를
마음속에 이루는 거예요.

당신이 느끼기에
편안한 감정뿐만 아니라
불편한 감정이 하는 말에도
귀 기울여 보아요.
담을 쌓고 외면하기보단
벽을 허물고 받아주세요.

그 순간 마음은
더 튼튼해질 거예요.

괜찮다는 말이 위로되지 않을 때

"괜찮아"라는 말은 참 중의적이다. 말하는 사람의 의도와 상관없이 때론 위로처럼 들리기도 버겁게 들리기도 하니까.

혹시 괜찮다는 말이 위로되지 않을 때, 이렇게 생각해 보면 어떨까? '아, 지금 내가 누군가의 위로를 들을 힘도 없구나. 그만큼 많이 지쳤나 보다.' 사실, 이걸 알고 있는 것 자체가 앞으로 나아질 수 있다는 시그널일지도 모른다. 생각보다 스스로가 느끼는 감정이 무엇인지 몰라서 생기는 우울감이 대부분이기에.

그러니까 괜찮아도 좋고, 괜찮지 않아도 좋다. 다만, 내가 힘들다는 사실은 스스로 알아주자.

어려운 목표

"이루고 싶은 목표가 있어요.
근데 자꾸만 실패하는 것 같아요.
왜 그런 걸까요?
내가 부족해서 그럴까요?"

어느 날, 지인을 만나 요즘 무엇을 하며 살고 있는지 대화를 나누던 중이었습니다. 한 친구가 제 근황을 듣고선 이렇게 말했습니다.

"서연아, 넌 진짜 도전을 멈추지 않는 것 같아. 가끔 네가 세운 목표를 들으면 늘 일반 사람들이 쉽게 이루기 힘든 길이었던 것 같아."

'정말 그런가.' 처음에는 그저 지나가는 한마디로 들렸지만, 점차 이 말을 건네는 사람들이 늘어나면서 다시 한번 곱씹게 되었습니다. 지금까지 사람들이 일반적으로 잘 선택하지 않는 즉, 스스로 무리하면서까지 목표를 설정해 왔어서 더욱 쉽게 탈이 났던 걸까 생각이 들었습니다. 실제로, 그 목표들은 이루어진 것보다 못 이루어진 게 훨씬 많았으니까요. 목표를 너무 크게 세운 것뿐인데, 반복되는 실패의 이유를 단순히 내 능력 부족만으로 특징지었습니다.

이제는 알고 있습니다. 이상적인 꿈도 좋지만, 나에게 맞는 목표를 작은 크기부터 차근차근 이루어 나가야 지치지 않는다는 걸. 그래야 도전하는 걸 두려워하지 않고 꾸준히 성취할 수 있다는걸.

혹시 계속 도전했는데 자꾸 실패하더라도, 스스로의 역량을 너무 의심하지 않았으면 좋겠습니다. 어쩌면 내가 세운 그 목표는 애초에 모두에게 높은 기준일 수 있습니다. 그리고 내가 이루고 싶은 꿈이 자신의 삶의 최종이자 마지막 목표인지 한 번 스스로 물어보세요. 대부분 아니라고 대답할 것입니다. 사람은 끝없이 목표를 만들어 내고, 때론 이루기도 이루지 못하기도 하니까요. 그렇다면 자신의 계획을 잘게 나누고 최대한 장기전으로 생각해 보는 건 어떨까요?

한 번에 불타올라 재가 되어버리기보다, 작은 불씨와 같이 은은한 촛불이 되는 것도 꽤 괜찮습니다. 아니, 오히려 내 마음을 더욱 안전하게 지키는 방법일지 모릅니다.

자꾸 도전했는데도
목표를 이루지 못했다면
그건 내가 부족해서가
아니에요.

어쩌면 내가 세운 목표는
세상 그 누구에게도
어려운 것일 수 있어요.

그래도
그 어려운 도전을
계속 해 온 것 자체가
아주 대단한걸요.

오늘은 그런 날

 오늘은 그런 날이다. 세상이 그 어떤 것보다 거대한 날. 나는 그 어떤 것보다 왜소한 날. 세상에서 평가하는 기준에 따르면 스스로가 미달인 점이 참 많다. 하지만, 미달이라는 것에 좌절해 넘어져 있는 나와 달리 세상 사람들은 바쁘게 움직이는 것 같다. 내가 바라본 나는 한없이 멈춰서 발뒤꿈치 하나 떼지 못하는 것 같다.

 그런데, 다른 사람들을 가만히 지켜보니 이상한 점이 한 가지 있다. 뒤처진 사람이 나 혼자는 아니라는 점. 생각보다 많은 사람들이 세상의 거대한 기준 앞에 서면 모든 걸 충족하기보다 미달이 되어 버린다. 애초에 세상이라는 기준은 모두에게 높고 가혹한 것이었을까. 혹여 그걸 모두 만족시키는 사람이 있더라도 소수이기에, 다수의 우린 스스로가 힘들고 왜소하게 느껴진 게 당연한 것이었을까.

아니, 다시 생각해 보면 우린 뒤처진 게 아니라 어쩌면 그저 그렇게, 평범하게 살고 있는 것일지도 모르겠다.

내가 살아가는 이유

"아무도 모르는 길을
정처 없이 떠도는 것 같아요.
내가 가는 곳은 어딜까요?
내가 살아가는 이유는 뭘까요?"

내가 하고 싶은 일이 분명하다고 착각하던 때가 있었습니다. 그 일을 하면 행복할 거라고 확신했고 또 자부했습니다. 그런데 어느 순간부터, 그걸 이루기 위해 달려가는 과정이 너무 고되게 느껴지면서 이렇게까지 해야 하나 싶은 생각이 들었습니다. 정말 이 목표를 달성하면 행복할지 의심이 들고, 혹여나 지금 걷고 있는 길이 허황된 건 아닌지 두려워졌습니다.

이렇게 방향성이 뚜렷한 길마저 오랫동안 걷다 보면 헤매기도 쉽게 주저앉기도 합니다. 하물며, 우리가 살아가는 삶은 오죽할까요. 자신의 미래를 알 수 없는 여정이 바로, 지금도 이어지는 우리의 삶일 테니 말이죠. 내가 지금 어디를 향해 걷고 있는지 아는 것도 물론 중요합니다. 얼마나 더 가야 그 지점에 도달할 수 있는지 알려주는 이정표가 되기 때문입니다. 다만, 삶은 단기전이 아니기에 도착 지점만 바라보기에는 너무 길고 지칩니다.

그래서 저는 '내가 이 길을 왜 걷고 있는지'에 대해 더욱 집중하고자 합니다. 걷는 이유를 잃어버리지 않는다면 걷다가 넘어지더라도 다시 일어날 수 있는 동기 또한 잃어버리지 않을 수 있기 때문이죠. 제가 걷고자 했던 길은 의사-심리학자-작가 등 여러 번 방향이 바뀌곤 했습니다. 변화가 생길 때마다 돌부리에 걸려 다치기도, 더는 못하겠다고 누워버리기도 했습니다. 그러나 절대 바꾸지 않은 한 가지가 있습니다. 바로, 제가 살아가는 이유입니다. 좋아하는 노래 중에 '나 이제 빛 되라 말씀하시네. 그 어둠 속 다시 들어가 밝게 비추라 하시네.' 이러한 가사가 있습니다. 이서연이라는 사람의 삶의 목적이자 이유, '다시 어둠 속에 들어가 빛이 되어 밝혀주는 것'. 어쩌면 이것 덕분에 여전히 포기하지 않고 걷고 있는 것일지 모르겠습니다. 또한, 스스로가 몸소 어두워지는 걸 더 이상 두려워하지 않게 된 것일지 모르겠습니다.

당신이 여전히 삶을 걷고 있는 이유는 무엇인가요? 무엇이 당신을 지금도 숨 쉬게 하나요?

삶의 목표를 정하는 것도
너무 중요하지만
삶의 이유를 잊지 말아요.

만약 살아가는 이유가
작은 행복이라 해도
충분히 좋아요.

나는 왜
그 작은 행복을 가지며
살아가고 싶은지
스스로 물어보아요.

당신이 꿈꾸는
혹은 꿈꾸었던 삶은
무엇인지 생각해 보아요.

미소가 중천에 걸리는 날

"슝-!" 신나게 썰매를 타는 아이들의 미소가 저 푸른 하늘 중천에 걸려있다.

어렸을 때였다. 겨울이 되면 가장 먼저 이렇게 기도했다. '얼른 눈이 펑펑 오게 해 주세요.' 그리고, 매일 아침 일어나자마자 창문을 바라보며 오늘은 눈이 왔나 안 왔나 확인했다.

어느 날 아침, 어김없이 창문을 바라보는데 함박눈이 잔뜩 쌓여 온통 새하얀 세상이 되어 있었다. 집에 쌓여있던 상자 하나를 챙겨 허겁지겁 언덕으로 달려갔다. 힘겹게 언덕을 올라가다 보면 어느새 정상에 도착했고, 그때부턴 기억이 나지 않을 정도로 신나게 썰매를 타며 눈 언덕을 가로질러 나갔다.

지금 생각해 보니, 지치는 줄 모르고 그저 신나게 썰매를 타는 데에만 집중했던 그 어린아이의 모습이 참 대단해 보인다. 사실, 눈이 쌓인 언덕은 무척 미끄럽고 잘못 내려가다간 크게 넘어질 수도 있는 위험한 환경이다. 그런데 어린아이는 그 언덕을 오히려 썰매장으로 만들어 재미있게 내려간 것이다. 한 마디로, 험난한 환경을 역이용하여 스스로 길을 만들어 낸, 아주 놀랍고 비상한 아이디어였다.

문득, 스스로 씁쓸한 물음을 던지게 된다. 나는 왜 그동안 어려운 환경에 부딪히면 피해 갈 생각부터 먼저 했을까. 스스로 바꾸어 낼 생각은 해 봤을까. 혹여 했다고 하더라도 왜 시도는 못 했을까.

혼자, 꼬리를 물어갈 때쯤 다시 저기서 아이들의 소리가 들린다.

"슝-!"

"와아아~"

'그래, 매일은 아니더라도 가끔은 저 아이들처럼 웃으며 길을 만들 수 있겠지. 그리고 언젠가 저 푸른 하늘에 내 미소도 중천에 걸릴 수 있겠지.'

굴곡진 길

 우리가 걷는 이 길이 편평해 보일 지라도, 사실 자세히 보면 여기저기 굴곡져 있는 길이다. 삶도 마찬가지 아닐까. 매일이 지겨운 하루의 연속인 것처럼 보일 지라도, 자세히 보면 미세한 기쁨과 슬픔의 굴곡으로 이루어져 있다.

(2장)

우린 꽤 괜찮은 사람이란 걸 알아차리고

감히 저울질할 수 있을까요

"나의 아픔을

사람들이 보고 나면

아무것도 아니라고 여길까 봐

괜히 두려워요."

사람들은 묻습니다. "뭐 때문에 그렇게 우울해하고 있어?" 그러고는 상대방의 대답과 상관없이 자연스럽게 평가하기 시작합니다. '생각보다 별일은 아니구나' 혹은 '어쩌다가 이렇게 큰일이 일어났을까'

여기서 한 가지 의문점이 생깁니다. 정말 그 사람이 힘들어하는 이유는 별일이 아닐까요? 아니면 반대로 큰 일인 것일까요? 사실, 어쩌면 아무도 그 답을 찾을 수 없을지 모릅니다. 답을 찾는 데 있어서 중요한 핵심은 감정의 원인에 있지 않기 때문이죠.

제가 우울증으로 별다른 이유 없이 눈물을 흘리곤 할 때, 어머니께서 이렇게 말씀하셨습니다. "똑같은 감정이라도 사람마다 체감하는 크기는 다를 수 있어. 마치, 같은 우울증을 앓고 있어도 증상은 모두 다른 것처럼 말이야. 그리고, 무엇 때문에 우울한지는 별로 중요하지 않아. 아픔을 느끼고 있는 것, 그 자체가 중요할 뿐이란다." 그리곤 어떤 말도 묻지 않고 그저 안아주셨습니다.

어머니의 그 말씀이 너무나 큰 위안이 되어서, 시간이 지나서도 계속 생각났습니다. 당시 저는, '왜 이 많은 사람들 중에서 굳이 나에게 이런 아픔이 찾아온 거지? 나는 도대체 무슨 이유로 눈물을 흘리고 있는 거지?'라고 생각하며 아픔의 원인을 찾기에 급급했기 때문이죠.

더는 당신의 상처를 사람들이 어떻게 평가할까 두려워하지 않았으면 좋겠습니다. 적어도 여기에, 당신의 집을 함부로 저울질하지 못하는 사람이, 당신이 힘들면 그저 같이 짐을 나누고 마음을 나누는 사람이 존재하니까요. 그리고 우리 또한 기억했으면 좋겠습니다. 누군가에게는 아니, 우리 모두에게는 아픔이라는 감정 그 자체가 너무나 힘들고 스스로에게 짐이 된다는 사실을요. 그래서 이유를 묻기보다는 따뜻하게 안아 줄 수 있는 사람이 되었으면 좋겠습니다.

우린 꽤 괜찮은 사람이란 걸 알아차리고

무엇 때문에
힘들어하는지는
중요하지 않아요.

단지 힘듦이
시작되었다는 사실이
중요할 뿐이에요.

그래서 내가 당신에게
해줄 수 있는 건

그저 말없이
안아 주는 거예요.

'힘들다'라는 말로는 부족할 정도로

    당신에게 위로가 되고 싶습니다. 평범하고 뻔한 위로 말고 진짜 위로요. 조금이라도 당신의 삶을 찬란하게 해 주는 데 도움이 되는 위로를 건네고 싶습니다.

    그런데 있잖아요. 혹시나 내 말이, 내 행동이 그대에게 상처가 될까 봐 조심스럽습니다. 안아주고 싶은데, '괜찮아질 거야'라고 말하고 싶은데 이조차 상처를 덧나게 할까 봐 걱정스럽습니다.

    그래서 당신에게 무얼 해 주기보다 같이 아파하기로 결심했습니다. 그대가 소리 없이 숨죽여 울 때면 소리 내 함께 울기로 결심했습니다.

당신의 아픔을 감히 모두 이해할 수 없지만, 해 줄 수 있는 게 없어 미안한 마음뿐이지만, 그대가 외로이 추워하지 않도록 온기가 되어 곁을 지키겠습니다.

p.s.
비록 서로를 잘 알지 못하는 우리지만, 서로의 아픔만큼은 누구보다 잘 알기에.

가로등처럼

 흔히 가로등은 우리에게 빛을 밝게 비춰주는 존재로 알고 있다. 근데, 가로등은 낮에 우리에게 빛을 비춰주지 않는다. 그래도 그 시간 동안 우리 옆을 말없이 지키다가 밤이 되면 길잡이가 되어준다. 나도 당신에게 그런 존재가 되면 좋겠다. 당신이 행복해하고 웃을 때도 옆에서 자릴 지키며 묵묵히 있다가, 당신이 슬프고 힘들 때면 조용히 빛을 비춰주는 그런 존재 말이다.

이제 몰래카메라에서 벗어나자

"아무리 열심히 살아도
늘 부족한 점만 보여요.
이런 내 모습이 남들한테
피해주지는 않을까 걱정돼요."

 내가 아는 당신은 참 멋진 사람입니다. 열심히 또 열심히 사는 사람입니다. 만약 부족한 점이 보이면 그걸 채우기 위해 노력하고 혹여나 남들에게 피해주지는 않을까 매번 깊이 고민하는 사람입니다. 정이 많아서 쉽게 거절하지 못하고 거절하더라도 속으론 마음을 꽤 쓰고 있는 사람입니다. 오늘도 일하기 싫지만 애써 일어나서 씻고 준비하고, 일하느라 힘들지만 그래도 밥은 챙겨 먹으려고 노력하는 부지런한 사람입니다. 친구가 힘들다고 말하면 외면하기보다 같이 술 한잔을 하며 수다를 나눌 수 있는 든든한 사람입니다.

당신, 꽤 괜찮은 사람입니다. 그리고, 당신만의 삶이라는 무게를 지우고 하루를 버텨 가는 대단한 사람입니다.

그런데, 아직 당신만 잘 알지 못하는 것 같습니다. 마치 몰래카메라에서 헤어 나오지 못하는 것처럼요. 어쩔 땐 알면서도 모른 척하는 것 같습니다. 하지만 그건 겸손이 아니라는 걸 알아줬으면 좋겠습니다. 겸손이 아니라 자기 자신을 외면하는 것이라고 분명하게 말해주고 싶습니다.

우리 이제는 몰래카메라에서 벗어납시다. 스스로를 인정해 줍시다. 당신이 얼마나 멋지고 빛나는 사람인지를.

도금하지 말자

   우리는 흔히 사람들이 높게 쳐주는 가치를 갖기 위해 본질을 잃곤 한다. 마치, 나는 분명 나무 그릇인데, 세상이 원하는 금 그릇이 되려고 도금하는 것처럼. 나무 그릇이 금 그릇보다 못한 건 없는데 말이다.

   혹시 존재 자체로 소중하다는 말이 더 이상 와닿지 않는다면 이렇게 생각하는 것은 어떨까. 도금하지 말자고. 우린 멋있는 옷을 입지 않아도 귀티 나는 사람이니까. 세상의 가치를 따라가다가 나를 잃어버리지 않았으면 좋겠다. 스스로 생각하는 것보다 꽤 멋진 사람이다, 우린.

이왕이면 행복하자

 아프지 말라는 말, 원래는 사람들에게 잘 하지 않는다. 아프고 싶어서 아픈 게 아니라는 걸 스스로 너무 잘 알아서일까. 근데 오늘은 왠지 이 말을 꼭 건네고 싶다. 아니, 건네줘야 할 것 같다. 이제는 너무 아파서 더디어진 탓에, 마치 덜 아픈 것처럼 느껴지는 당신이 너무 슬퍼 보여서. 그래서 이왕이면 아예 아프지 말자고, 이왕이면 행복하자고 말하고 싶다. 단 1시간 아니, 1분이라도 좋으니까.

세상이 알려주지 않은 한 가지

"세상은 나에게
멈추지 말라고
얼른 달려가라고 말해요.
도대체 언제까지 뛰어야 하나요?"

    너무 할 게 많아서 지치고 무기력하기까지 한데, 세상은 그럴 때마다 우리에게 이렇게 말합니다. "너 지금 쉬면 남들이랑 격차 벌어져." 정말로 1분이라도 쉬면 1달의 격차가 벌어질까 봐 두려워서 우린 제때 쉬지 못해 탈이 나곤 하죠.

    어쩌면 우리는 늘 삶 속에서 보이지 않는 것들을 향해 달려갑니다. 단지 세상이 가리키는 화살표를 따라서 말이에요. 하지만, 매정하게도 세상에는 그 어떤 이정표도 없이 딱 하나의 표지판만 있습니다.

'멈춤 금지'

그래서인지 이 표지판만 보고 달려가다 보면, 더 이상 앞으로 가는 이유도 의미도 잃어버리기 일쑤입니다.

그런데 반대로 세상이 우리에게 알려 주지 않은 한 가지가 있습니다. 바로 목표 지점이 어딘지 얼마나 남았는지는 아무도 알려주지 않습니다.

목표가 정확히 어디에 있는지, 또 얼마나 더 가야 하는지 아는 사람은 '언제 쉬어야 할지' 알고 있습니다. 쉬는 것도 목표를 이루기 위해 꼭 필요한 하나의 과정임을 알기 때문이죠. 마치 시골에 가는 먼 길을 떠날 때 휴게소를 들르는 것처럼요.

우리 이제는 세상의 목소리에만 집중하기보다 스스로의 목소리에 더 귀 기울였으면 좋겠습니다. 다른 사람들은 내가 아니니까요. 그 사람들은 나의 목표를 설정해 주고 나의 휴식을 챙겨줄 사람이 아닙니다. 어디로 가고 싶은지, 지금쯤 힘든지 안 힘든 지 제일 잘 아는 사람은 바로 나 자신입니다. 스스로를 보살펴 줄 수 있는 사람은 그 누구도 아닌 나 자신임을 잊지 않았으면 좋겠습니다.

다른 사람들은
날 가꾸어 주기 어렵습니다.
삶을 대신 살아주기도 어렵습니다.
그러니 이것만 기억합시다.
내가 가고 싶을 땐
앞으로 가고

내가 쉬어야 할 것 같을 땐
잠시 머무릅시다.

나는 온전히 내 것이니까요.

다른 사람의 눈치 보지 않는 법

1. 남의 평가에 휘둘릴 것과 휘둘리면 안 될 것 구분하기
2. 휘둘려도 되는 건 충분히 민감해하고 속상해하기
3. 나의 취향이나 가치관은 휘둘리지 말기
4. 지나치게 높은 목표 세우지 않기
5. 자신의 가치를 어떤 업무나 일로 확인하려 하지 않기
6. 금방 사라지는 가치에 우선순위 두지 않기
7. 타인이 날 평가하는 기준은 항상 변한다는 걸 잊지 않기
8. 사람들의 관심이 '괜찮은 나'를 만든다고 생각하지 않기
9. 내 인생을 채점하는 기준은 스스로 정하기
10. 산책이나 독서처럼 비교적 평가를 덜 받는 활동 해보기

놓지 못할 관계는 없기에

인간관계를 맺을 때 자주 하는 착각이 있다. 바로 나한테 잘해주는 사람을 '좋은 사람'으로 생각하는 것. 물론, 정말 좋은 사람이라서 내게 잘해주는 경우도 있다. 하지만, 나에게 좋은 사람이란 내 정신적 에너지를 빼앗지 않는 사람. 다시 말해, 서로에게 긍정적인 상호작용을 줄 수 있는 사람이다.

어느 순간부터 우리는 관계를 유지하기 위해 공감하고 이야길 들어 주느라 지나치게 많은 에너지를 소모한다. 그리고 많은 사람이 이렇게 말한다.

"정말 저한테 소중한 사람이에요."

"절대 놓치고 싶지 않은 인연이에요."

그런데 만약 그 관계가 나의 정체성을 흐리게 한다면, 심지어 그와 나 사이에서 더 이상 '나'는 존재하지 않게 된다면, 정말 그 관계는 귀중하다고 말할 수 있을까?

더 이상 인간관계로 아파하지 않기 위해, 부디 당신이 관계 안에서 '나'를 지키고 '너'를 지켰으면 좋겠다. 그래서, 당신 곁에 좋은 사람들만 넘쳐 나면 좋겠다.

비슷한 온도의 차가움

얼음이 뜨거운 온도의 무언가를 만나면 녹는 건 당연한 이치일 것이다. 그런데 그 법칙이 적용되지 않는 게 있다면 바로 사람의 마음이 아닐까. 우리는 아프고 힘들 때 신나는 노래를 듣기도 하지만 한껏 슬픈 노래를 듣기도 한다. 또한, "나는 이렇게 긍정적으로 생각하니까 이겨내지더라."라는 말을 듣는 것보다 "사실 나도 비슷하게 힘든 적이 있었어. 네 마음이 어떤지 잘 알 것 같아."라는 말을 듣고 더 큰 위로를 얻곤 한다.

그래, 어쩌면 우리에게 필요한 건 '같은 시선으로 바라보는 눈높이'였을지 모른다. 비슷한 온도를 가진 누군가의 존재만으로도 힘이 되었을지 모른다.

나도, 너도

"남들이 보는 나는
참 밝은 사람이래요.
근데, 아니에요.
사실 누구보다 어두워요, 전."

남들이 보는 나는 도대체 누굴까 하는 궁금증이 들 때가 있습니다. 더 나아가 그 궁금증이 화살이 되어 마음을 찌르기도 합니다. 그들이 말하는 소위 '밝은 사람', '강한 사람'은 나의 어떤 모습에서 비롯된 것이며, 그게 정말 내가 맞는 건지 알 수가 없습니다. 내가 아는 '나'는 세상 사는 것에 지쳐서 당장이라도 주저앉고 싶은 사람이자, 남들보다 훨씬 뒤처져서 홀로 적응하지 못하는 사람인데 말입니다.

한동안 이 화살이 잘 뽑히지 않아 아팠습니다. 다른 사람도 물론 힘든 일을 겪겠지만 나와 달리 멋지게 이겨낼 것으로 생각했습니다. 실제로도 SNS와 여러 플랫폼에서는 그런 사람의 극복 이야기를 보여주고 있으니까요. 그래서 이 생각이 헛된 것인지도 모른 채 스스로를 타인과 실컷 비교했습니다. 그렇게 비교해서 얻은 건 한껏 깎아내려진 나 자신과 화살을 뽑고 남은 흉터였습니다.

하지만, 지금 생각해 보니 애초에 다른 사람도 나와 같은 사람이었습니다. 그들도 사소한 일에 아파하지만 쉽게 눈물을 남에게 보이지 않는 사람이었습니다. 그래서 더 잊고 있었습니다. 남들도 나처럼 힘들다는 사실을. 자신의 약함과 대비되어 보이는 사람에게 그저 멋지다고 말하며 혼자 슬퍼한다는 사실을.

힘들고 두렵습니다. 어둡고 우울합니다, 나도. 그리고, 지치고 아픕니다. 밝은 척 애써 웃습니다, 당신도.

어쩌면 우리는 각자의 삶에서 각자의 짐을 안고 사는 사람들일지 모릅니다. 그러기에 우리는 더 이상 강한 사람도, 약한 사람도 아닌, 때로는 강하고 때로는 약한 '나'일 뿐입니다.

사실은
우리 모두 다
아프잖아요.

각자만의
힘듦이 있잖아요.
때론 강하면서도
때론 약하기도 한
인간이잖아요

우리 모두.

지금은 좀 어때

친구들과 함께 연구 프로젝트를 한 적이 있다. 팀장인 나와 세 명의 팀원들로 구성된 팀이었다. 우리가 계획한 연구 특성상, 소수의 참여자를 대상으로 한 예비 연구와 다수의 참여자를 대상으로 한 본연구로 나누어 진행해야 했다. 사회 과학 계열의 전공이었던 우리는 직접 노코딩 플랫폼으로 앱을 개발하는 교육도 들으며, 꽤 많은 시간과 돈을 투자했다.

그래도 어찌저찌 10개월간의 예비 연구가 끝나며 본연구를 어떻게 시작할지 고민하던 찰나였다. 갑작스럽게 한 친구가 자신은 본연구에 참여하기 어렵다고 말을 건넸다. 그 순간, 많은 생각이 스쳐 지나갔다. 내가 그 친구에게 실수한 게 있나. 리더로서 부족한 점이 많이 보였던 걸까.

뒤늦게 알고 보니, 예비 연구를 진행하는 동안 건강이 많이 악화되었다고 했다. 시도 때도 없이 심장이 두근거리고 식은땀이 났다고 했다. 사실, 걱정과 동시에 제일 놀랬던 건 내가 겪은 증상과 똑같다는 점이었다.

'아, 리더라는 이유로 내가 가장 큰 짐을 안고 있다고 생각했는데, 팀원들도 나만큼이나 아니, 나보다도 더 많이 힘들었겠구나.' 그래서 그 친구를 세 번쯤은 붙잡아 보는 게 맞지만 그럴 수 없었다. 미리 알아주지 못해서 미안하고, 그 힘듦이 얼마나 답답하기도, 부담감을 계속 안고 가기에 지치기도, 나 또한 잘 알았기 때문이다.

친구의 건강 회복을 바라며, 남은 팀원들과 함께 본연구를 진행 중일 때 가끔 물어본다. 스스로에게도, 친구들에게도.

"지금은 좀 어때? 어렵거나 힘든 거 있으면 꼭 말해 줘."

저마다의 사정

SNS 어느 게시글에 이런 글을 본 적이 있다. '그 사람의 일기장을 보면 그 어떤 사람도 이해할 수 있게 된다' 어느 정도 공감이 되었다. 물론, 범죄를 저지른 사람의 일기장과 같은 특수한 사례는 적용하기 어렵겠지만, 보통의 사람이라면 아무리 성격이 모났다고 하더라도 저마다의 사정이 있을 테니까.

우리는 각자만의 사정이 있다. 내가 가진 장점에도 단점에도, 다 그렇게 된 이유와 상황이 있다. 우리는 각각 다른 개성을 가진 사람들이지만 생각보다 우리가 쓰는 일기장의 내용은 크게 다르지 않다. 그래서일까, 비슷한 이야기를 안고 살아가는 이들은 더욱 서로에게 이끌려 서로를 공감하고 이해하곤 한다.

언젠가부터 나와 결이 다른 사람을 만나면, 이런 생각이 든다. '저 사람도 자신만의 이야기가 있겠지. 어떤 내용의 글이 일기장에 쓰여 있을까?' 예전에는 나와 다르다는 이유로 적정한 선을 그어 적당한 관계를 유지했다면, 이제는 그 사람의 삶이 쓰인 일기를 읽고 싶어진다. 이해하고 싶어진다. 그리고, 선을 지우고 괜히 그 사람에게 다가가 이야기를 듣고 싶어진다.

열심히의 부작용

"열심히 사는 건
분명 좋은 걸 텐데
그래서 열심히 살고 있는데
왜 행복하지 않을까요?"

"열심히 살아야 성공해. 뭐든지 열심히 하는 사람에게 기회도 오는 거야."

혹시 이러한 말 익숙하지 않나요? 누구나 한 번쯤 어렸을 때도 성인이 되어서도 들어본 적 있을 것입니다. 그만큼 세상은 우리에게 열심히 사는 것만 옳고, 성공하는 것만 최고로 가치 있다고 자주 말합니다.

한창 SNS에서도 열정, 미라클, 끈기를 강조한 콘텐츠가 보였습니다. 그런데 왜, 이러한 삶의 부작용을 설명한 콘텐츠는 보기 힘들까요? 부지런히 살면 좋다고만 하고, 열성껏 살다가 지친 사람들의 이야기는 찾기 힘들까요? 그래서 지금 잠깐 열심히 사는 것의 부작용에 관해 이야기해 보려고 합니다.

저는 항상 노력하는 사람이었습니다. 노력도 하지만 무엇보다 바쁘게 살았습니다. 주변 사람들이 모두 인정하는 '일중독러'였으니 말이죠. 하지만 누구나 자신의 열정을 다해 살면 감기처럼 무기력함을 겪듯 저 또한 심한 무기력증이 찾아왔습니다. 아무것도 하기 싫고 내려놓고 싶은 감정에서 그치면 다행이었지만, 오히려 그러한 생각에서 벗어나기 위해 또 다른 일을 찾기 시작했습니다. 기존의 일을 완전히 마치지도 않은 채 여러 가지 일을 벌이다 보니 완성도는 떨어져 갔고, 돌아오는 건 아쉬운 결과와 자책뿐이었습니다. 일에 일을 더해 스스로를 힘들게 했던 저는 결국 일을 포기하는 것이 아니라 '나 자신'을 포기하고 싶다는 생각에 이르렀습니다.

부작용의 사전적 의미는 '어떤 일에 부수적으로 일어나는 바람직하지 못한 일'입니다. 애초에 부작용이 발생하지 않는다면 제일 좋겠지만, 살아가는 데 있어서 이는 불가피한 것일지 모르겠습니다. 감기약을 먹으면 몸이 한결 나아지지만 졸립게 되는 것처럼요. 그러면 만약 열심히 살지 않는다면 아예 부작용은 안 일어날까요?

정확한 답은 없지만, 어떤 삶을 살더라도 부작용이 생긴다면, 이를 최소화하는 게 최선의 방법으로 보입니다. 그러기 위해 나는 그동안 왜 열심히 살았는지, 또한 어떻게 열심히 살아야하는 지 고민해 보는 것이 중요하죠.

저는 '나 자신'을 포기하려는 생각에 이르고서야 '내가 왜 열심히 살아야 하지? 이렇게 살아서 도대체 무엇을 얻고 싶은 거지?'라고 스스로 질문을 던졌습니다. 삶의 목표를 정하고 이를 향해 끊임없이 달려가는 것도 중요하지만, 내 삶에 "왜?"라고 묻고 "어떻게!"라고 대답하는 것도 무척 필요합니다. 흔히 사람들은 이걸 '동기 부여'라고 말하지만 조금은 다른 점이 있습니다. 세상에서 강조하는 동기 부여는 자신이 세운 목표를 성취하기 위해 동기를 찾지만, 제가 던지는 질문 두 가지는 진짜 내가 원하는 것이 무엇인지 알아차리기 위해 동기를 찾습니다.

저는 열심히 사는 이유가 성공하기 위해서인 줄 알았습

니다. 그러나, 사실은 사람들에게 인정받고 싶어서라는 걸 깨달았습니다. 동시에 '인정'이라는 키워드가 나에게 굉장히 가치 있고 중요하다는 걸 알게 되었습니다.

이어서 저는 두 번째 질문, '그러면 어떻게 인정받으며 살고 싶어?'라고 물었고 곧바로 의문점이 들었습니다.

'인정받고 싶은 욕구를 꼭 열심히 사는 것으로 채워야 할까? 물론 성실히 살면 남들에게 인정을 어느 정도 받는 것 같긴 한데, 그 욕구가 온전히 채워지고 있나?'

안타깝게도 제 대답은 NO였습니다. 스스로를 힘들게 하면서까지 열성껏 살아야 꼭 남들의 인정을 받을 수 있는 건 아니었으니까요. 그리고, 인정받는다 하더라도 무언의 갈급함을 100% 채우긴 어려웠습니다.'아, 그래서 열심히 살아도 공허하고 지치고 더 아팠구나.'

그때부터는 어떤 프로젝트나 새로운 일을 하더라도 자주 저에게 물어봅니다. 그거 왜 하는 건지, 지금 어떻게 하고 있고, 혹시 날 아프게 하진 않는지.

당신도 혹시 '열심히' 부작용에 끙끙 앓고 있다면, 나를 되돌아보는 물음표를 건넸으면 좋겠습니다.

당신은
왜 열심히 살고 있나요?

당신은
어떻게 열심히 살고 싶나요?
질문에 대한 답을
스스로 찾을 수 있을 때

내가 원하는 '나'를
알아줄 수 있을 때

'열심히' 부작용은
당신을 덜 괴롭힐 거예요.

배를 품은 바다

사랑하는 딸, 세상은 우리에게 이렇게 말하곤 한단다. 많은 사람 중에서 뛰어난 사람이 되어야 한다고. 창의적인 사람이 되어야 한다고. 그런데 아빠가 살아보니 꼭 그렇지만은 않더라. 세상은 특출난 소수에 의해 움직이는 것처럼 보이지만, 사실 평범한 다수에 의해 움직이는 거란다.

내가 물었다. 왜 세상은 소수만 기억하는 건지 도무지 이해할 수 없다고. 그러자 아빠는 기다렸다는 듯이 말씀하셨다.

세상은 너무 바쁘게 돌아가서 바다를 볼 줄 모르는 거야. 바다 위에 떠 있는 화려한 크루저만 기억하는 거지. 사실 배를 품고 있는 건 바다인데 말이야. 게다가 이마저 시야에서 금방 사라져 버리면 세상은 기억하지 못한단다. 그래서 말인데, 아빠는 네가 바다를 볼 줄 아는 사람이 되면 좋겠어. 그리고, 숲을 볼 줄 아는 사람이 되면 좋겠어. 높이 솟은 나무 한 그루만 보는 게 아니라, 그걸 품고 있는 숲을 보는 사람 말이야.

몰랐던 취미

    사람을 처음 만나면 많이 오가는 질문 중 하나가 취미가 무엇인지 묻는 것이다. 그때마다 나는 습관적으로 글 쓰는 것이라 대답한다. 사실, 진짜 내 취미가 무엇인지 모르는데도 말이다.

    '취미'는 두 가지 조건을 갖춰야 한다고 생각했다. 바로, 몰입과 흥미. 먼저, 시간이 가는지도 모르게 몰입할 수 있어야 진정한 취미이지 않을까 생각했다. 다음으로, 몰입할 때 완성도에 집중하기보다 그 과정 자체에 흥미를 느껴야 한다고 생각했다.

    그런데, 아무리 생각해도 이 두 가지를 모두 만족하는 취미를 찾기가 어려웠다. 취미를 만족시키기 위한 조건이 너무 팍팍했나 싶은 의문이 들어 친구에게 물어봤다. 취미가 뭐냐고. 그 친구의 답은 생각보다 간단했다. 샤워 후 침대에 누워서 핸드폰으로 예능 영상을 보는 것. 솔직히 놀랬다. 이러한 행동 또한 취미라고 볼 수도 있겠구나.

그래, 잠깐이라도 내가 행복할 수 있다면 된 게 아닐까. 정기적으로 모임에 나가거나 좋아하는 운동을 하는 것처럼 꼭 활동적일 필요도 없고, 생산적일 필요도 없지.

이렇게 생각하니 나는 참 취미가 많은 사람이었다. 낮잠 자는 것도 좋아하고, 아침에 일어나서 음악을 들으며 커피 마시는 것도 좋아하고, 내가 쓴 글에 달린 댓글을 읽으며 답글을 다는 것도 좋아하고.

아, 나 이렇게나 작은 행복도 꽤 잘 느낄 수 있는 사람이었네. 비록, 슬픈 감정도 쉽게 느끼지만, 행복과 그다지 멀리 떨어져 있는 사람은 아니었네.

이제는 당당히 말할 수 있다.

"서연 씨, 취미가 뭐예요?"

"너무 많아서 뭐부터 말해야 할지 모르겠네요!"

책임감

"사회생활이 너무 어렵고
잘 적응하지 못하는 것 같아서
스스로 책임감이 부족해서일까요?"

20살이 되어 인턴이라는 약간의 맛보기 사회생활을 한 적이 있습니다. 매일 실수투성이에다가 스스로 부족한 게 너무 티가 나서 부끄러웠습니다. 그래서 상담 선생님께 한탄하며 말했습니다.

"선생님, 저는 사회생활에 잘 적응하지 못하는 것 같아요."

"왜 그렇게 생각해요?"

"음, 스스로 책임감이 부족한 것처럼 느껴져요."

"하지만, 제가 볼 때 서연 씨는 누구보다 책임감이 강한걸요? 아니, 오히려 과도할 정도로요."

처음엔 솔직히 그 말씀이 잘 이해되지 않았습니다. 내가 책임감이 과도한가? 책임을 너무 지어서 문제가 된 걸까?

하지만 되돌아보니, 과도한 게 맞다는 생각이 들었습니다. 그것 자체가 원인이 된다기보다, 너무 여러 군데에 책임감을 다 쏟아붓는다는 게 더 문제였습니다. 즉, 많은 일을 모두 잘 해내기 위해 그랬던 게 오히려 역효과가 난 것입니다. 그리고, 모든 일을 신속하고 효과적으로 처리하려다 보니, 정작 한두 가지 놓치는 것이 생겨서 다른 사람에게 책임감이 없는 사람처럼 보일 수 있다는 점을 알지 못했습니다.

그래서, 이제는 스스로 사회생활에 적응하지 못한다고 생각하는 것이 아니라, 다르게 결론을 내리기로 했습니다.

"나는 책임감이 부족한 게 아니다."

"대신 더욱 중요한 건, 내가 감당할 수 있을 정도만 실행에 옮기는 것이다."

혹시
너무 과도한 책임을
지고 있진 않나요?

모든 일에
여러 에너지를
쏟고 있진 않나요?

책임은
스스로 가질 수 있는 만큼만
행동은
스스로 감당할 수 있는 만큼만
실행에 옮겨보아요.

마침표

　"시작이 반이다"라는 말이 있습니다. 하지만 반이 '다'는 아니라는 걸 기억했으면 좋겠습니다. 물론 그렇다고 끝을 창대하게 마무리해야 하는 것은 아닙니다. 그저 내가 자신만의 에피소드에 '마침표'를 찍을 수 있으면 됩니다. 그래야 잠시 쉬기도 하며 무언갈 새롭게 시작하기도 할 테니까요.

다치지 않을 만큼만

 좋은 결과를 바라며 지나치게 혹독한 과정을 내게 주는 것. 어쩌면 그것 또한 스스로에게 병이 될지 모릅니다. 아무리 결과가 좋더라도 이미 흉이 진 상처를 얻었다면 그것만큼 곪기 쉬운 상처가 있을까요. 화려한 결과를 경험한 탓에 스스로 다시 같은 자리에 상처를 주면서 달려갈 테니 말이죠. 때론, 당신이 그저 다치지 않을 만큼만 했으면 좋겠습니다.

주관적이라서 다행이야

"오늘도
어려운 인간관계로
힘겹게 산 것 같아요.
내일은 행복할 수 있겠죠?"

얼마 전에 복권을 오천 원어치 샀는데 천원이 당첨됐습니다. 친구들은 저에게 돈을 낭비했다며 안타까워했지만 이상하게도 저는 당첨됐다는 사실 그 자체가 기뻤습니다.

순간 인간은 참 객관적이지 못한 것 같다는 생각이 들었습니다. 오히려 굉장히 주관적일지도 모릅니다. 상사에게 이런저런 일로 핀잔을 들으며 업무에 치이고, 한 땀 한 땀 모아 투자한 가치가 내려가도 길가를 걷다가 작은 꽃 한 송이 보면 친구랑 도란거리며 맛있는 식사를 하면, 집에서 따뜻한 온기로 날 기다리고 있을 가족들 생각하면, 잠깐 불행을 잊게 되니까요.

'이것조차 누리지 못하면 어떻게 살까' 하는 생각에 잠깐 아찔했습니다. 사람이 객관적이었으면 세상 속 반은 이미 사라졌을지도 모른다는 생각이 들었습니다. 그만큼 삶은 쉽지 않고 힘드니 말이죠.

그런데도 0.001%의 행복을 바라면서 삶을 이어간다는 게 우스우면서도 참 신비한 일인 것 같습니다.

그래서 어쩌면 우리는 대단한 존재인가 봅니다.

고된 하루를 버티면서
행복을 바라보는
우리의 모습.

그 무엇보다
소중하고 기특합니다.

우리가 주관적이라서
다행입니다.

작은 기쁨에 잠시
불행을 잊을 수 있어서
다행입니다.

내 마음속 CCTV

과거에 불현듯 이런 생각이 들었습니다. 누군가 내 마음을 훔쳐보고 있진 않을까, 내 마음을 알아차리고서 뭐라고 하진 않을까. 그럴 때마다 자신을 더욱 꽁꽁 싸매곤 했습니다. 하지만, 나를 감추려고 했던 그 시작이 마음의 병을 일으키는 시초가 될지 몰랐습니다.

자라오면서 어른들께 자주 들었던 말씀이 있습니다.

"서연아, 아무리 높은 곳에 올라가도 항상 겸손해야 해."

남들에게 인정받는 것을 제일 좋아하는 어린아이 이서연에게 겸손이란, 칭찬받고 싶어도 선뜻 먼저 인정을 요구하지 못하는 묵언 수행과 마찬가지였습니다. 시험에서 좋은 성적을 얻어도 친구들 앞에서는 티를 내지 말아야 했고 성취감의 기쁨을 온전히 느끼기도 전에 숨겨야 했습니다. 그러다 보니 이런 생각이 들었습니다.

'이렇게 기쁜 감정도 마음껏 공유하기 힘든데, 슬픈 감정은 어떻게 표현해야 할까? 만약 내가 힘들어하면 알아주는 사람이 있을까? 아니 알아준다고 하더라도 상황이 달라질 수 있을까?'

다른 사람에게 마음의 문은 잘 열지만 막상 내 감정은 잘 드러내지 않게 된 저는 누군가가 내 마음을 알아차리는 게 불안해졌습니다. 사실 상대방이 자신의 마음을 알아차린다는 건 나를 알아주고 위로를 건네 줄 좋은 기회일지도 모릅니다. 어렸을 적의 이서연 또한 스스로 표현은 안 했지만 남들이 먼저 알아차리고 인정해 주길 바랐을 것입니다.

하지만 그 당시의 마음을 비유를 들어 설명하자면 내 안에 나도 모르는 CCTV가 달린 듯한 기분이었습니다. 그 CCTV는 제게 이렇게 말하는 것 같았습니다.

"서연아, 네가 우울하다는 것을 남들에게 알려서 좋을 것 하나 없지 않아? 그 정도의 감정은 충분히 혼자 감당할 수 있잖아."

쉴 새 없이 작동하는 CCTV는 저를 주눅 들게 했습니다. 그리고 꾹 삼켜버린 감정은 앞으로 느낄 감정보다 훨씬 많은 양으로 쌓여갔습니다. 마치 산더미처럼 쌓인 감정이 여태 혼자 아파해야 했던 이유를 증명하는 것처럼 말이죠.

그렇게 가만히 지켜보다가 갑자기 스스로가 불쌍해 보여서인지 한 가지 의문이 들었습니다.

'그나저나 저 CCTV는 누가 내 마음속에 단 거지?'

처음에는 당연히 다른 누군가 설치한 것으로 생각했습니다. 제 마음속에 존재했지만 남들이 지켜보고 있다고 느꼈으니까요. 그런데 나를 꽁꽁 싸매며 숨기고 있는 사람은, 겸손하라고 말씀하신 어른들도 아니고 우울한 모습을 드러내면 득 보는 것 하나 없다고 말하는 그 어떤 사람도 아니었습니다.

사실 나 자신이었습니다. 속마음을 드러냈을 때 알아주는 사람이 없을까 봐 두려워 미리 상처받지 않기 위해 그랬던 것이었습니다. 즉, 내가 나를 보호한다는 명분으로 감추고 있었던 것이죠.

'아, 저 CCTV 내 거였네. 그러면 혹시 전원을 끄는 것도 내 자유가 아닐까? 한 번쯤은 당당하게 꺼 볼 수 있지 않을까? 그래야 진짜 내가 어떤 감정을 느끼고 있는지 알 수 있잖아.'

훗날 자신의 감정을 솔직하게 표현할 수 있게 될 때, CCTV를 스스로 없애고 싶다던 어린아이 이서연은 이제 그 CCTV의 전원을 끄고 때론 세상의 소리를 과감히 음소거할 줄도 알게 되었습니다.

우리, 오늘만큼은 자신과 약속 한 가지를 해 보면 좋겠습니다. 내 마음속에 스스로도 몰랐던 CCTV가 혹시 있다면, 잠깐 전원을 끄고 나를 드러내 보기로. 대상이 누가 되었든 간에 나를 표현해 보기로.

기꺼이 바보가 된다는 건

　어느 일요일 어린이 성경학교에서 한 목사님께서 말씀하셨다. 세상을 살아가는 데에 있어서 기꺼이 바보가 되어야 한다고. 내가 비천해지면 주변 사람이 귀해지기 때문이라고 하셨다.

　어린 나는 목사님의 말씀이 이해되지 않아서 집에 도착하자마자 엄마에게 물었다.

　"엄마, 목사님이 그랬는데 우리보고 바보가 되래. 내가 비천해져야 주변 사람이 귀해지는 거래. 세상은 바보를 인정하지 않고 무시하는데 왜 내가 일부러 그렇게 해야 하는 거야? 세상에 정말 그런 사람이 있긴 한 걸까?"

그 말에 엄마는 웃으며 목사님이 아주 중요한 말씀을 알려주신 거라고 하셨다. 그리곤 이렇게 말을 이으셨다.

"서연아, 나 자신을 낮추기 시작하면 네 주변의 사람들이 높아지기 시작한단다. 그런데, 이건 절대 네가 뒤처지는 게 아니야. 기꺼이 바보가 된다는 건 서연이가 가진 사랑을 내어준다는 것과 같아."

이해가 되는 듯 안 되는 듯했지만, 여전히 어린 마음에 바보는 싫다고 생각했다. 그리고 그땐 몰랐다. 머릿속으로 이해하기 어려웠던 이야기를 어느 순간 이해하게 될 줄은. '세상에 그런 사람이 있긴 할까'라고 물었던 내 앞에 미소 지으며 대답해 준 당신이 그 분이었다니. 내가 더 빛날 수 있도록 언제나 스스로 비천해졌던 바보가 나랑 가장 가까이 살을 맞대고 지내던 엄마였다니.

나를 향한 당신의 사랑은 잴 수도 없이 커다랬다. 그래서 이제는 내가 바보가 되어보려고 한다. 이제는 엄마가 빛이 나도록 내가 낮아지려고 한다.

그런 날 있잖아

그런 날 있잖아, 너무 힘들어서 말하기조차 힘들 때. 그때는 굳이 힘써 말하지 않아도 돼. 모든 게 힘들다는 거 나도 잘 아니까. 네가 조금이라도 힘이 생기면 말해도 돼. 그때까지 기다릴게. 대신 진짜 더 이상 혼자 버티기 힘들겠다 싶을 땐 꼭 말해줘. 내가 바로 달려갈게.

새해 다짐

올해는 다른 사람에게 잘 보이기 위해 유독 애썼다. 그러다 보니 상처받는 날이 늘었고 관계에 대한 회의감은 깊어져 갔다. 왜 이렇게 타인의 시선을 신경 쓰며 칭찬에 고팠을까. 왜 그리 스스로를 아프게 할 정도로 타인의 기준에 맞추어 살았을까.

그래, 새해에는 나를 위해 살아봐야지. 인정받는 것을 좋아하는 나이지만 남들에게서 인정을 찾기보다 나한테서 찾아봐야지. 스스로에게 먼저 엄격하지 않아야 나를 인정하고 스스로에게 이런저런 모습을 허용하며 한껏 후한 태도를 보여야 나를 안아줄 수 있을 테니까.

우리, 인간관계에 지긋함을 느낄 때쯤엔 한 번 시선을 나 자신한테 돌려보자. 남이 아닌 나에게 집중할 때 분명 주변 관계도 다시 회복할 것이다.

(3장)

불안이 우릴 지켜주는 순간

요긴하게

"지금 내가 하고 있는 일에
확신이 없어요.
잘하고 있는 건지 모르겠어요.
불안해요 미래가."

"요긴하게 쓰일 거야"라는 말을 참 좋아합니다. '요긴하다'의 사전적 의미는 '꼭 필요하고 중요하다'라는 뜻인데, 저는 그중에서 '꼭'이라는 말에 집중합니다. 그냥 필요한 것도 아니고, 약간 중요한 것도 아니고, '꼭'이라니요. 듣기만 해도 요긴하게 쓰인다는 말이 정말 최고의 칭찬처럼 들리지 않나요?

많은 사람들이 청소년, 청년 때에 어떤 일을 해야 할지 알 수 없어서 힘들어합니다. 그렇다고 그 시기가 지나면 걱정이 사라지는 것도 아닙니다. 일을 하고 있는 때에도 잘하고 있는 건지 확신하기 어렵기 때문이죠. 이렇게 나이를 불문하고 우리는 미래를 알 수 없어 불안해하며 살아갑니다.

　그런데, 저는 오히려 모든 사람들이 불확실한 미래 탓에 똑같이 불안해한다는 사실이 참 다행이라고 느껴집니다. 그건 다시 말해서, 지극히 자연스럽고 당연하다는 것이니까요.

　지금 당장 결과가 나타나지 않아서 불안한가요? 어떤 일이 벌어질지 몰라서 두려운가요? 괜찮습니다. 어쩌면 그 감정은 마치 컴퓨터의 설정값처럼 애초에 정해져 있는 즉, 누구나 자연스럽게 느낄 수 있는 감정입니다.

　그래도, 조금이나마 이 불안을 조절하기 위해 이렇게 생각할 수 있습니다. 지금 어떤 일을 하고 있다는 그 자체가 미래에 요긴하게 쓰일 것으로 생각하는 것입니다. 혹시, 일이라는 단어 때문에 부담이 되나요? 그러면 정말 근본적으로 살아가고 있는 것 자체가 요긴하게 쓰일 거라고 생각해도 좋습니다. 예를 들어, 오늘 하루를 보낸 것만으로도 내일 일어날 수 있는 행복의 가능성을 아무 조건 없이 가질 수 있습니다. 정말 운이 좋다면 복권에도 당첨될 수 있겠죠? 이렇듯 앞으로 일어날 일을 미리 알 수는 없지만 우리의 현재는 미래에 연결되어 요긴하게 쓰이고 있을 것입니다. 이 사실을 잊지 않고 현재를 살아간다면, 불안해도 두려운 것이 아니라 '불안, 생각보다 나쁜 감정은 아닌데?'라고 생각하게 될지 모르겠습니다.

오늘
당신이 한 무언가는

결코 도로에 떨어진
씨앗이 아니라
거름이 풍부한 밭에 떨어진
씨앗일 테니까.

'현재'라는 씨앗이
'미래'라는 밭에서
거두어 질 열매로
곧 변할 테니까.

불안해도 난 여전히 살아 숨 쉬는걸

 불안 그 자체는 치명적이지 않다는 말, 처음엔 이해하기 어려웠다. 물론 무슨 감정이든지 도가 지나치면 치명적이겠지만 불안은 유독 내 숨을 조여왔기 때문이다. 그런데 어느 날 이런 생각이 들었다. 아무리 불안해도 난 여전히 살아 숨 쉬네. 그러면 일부러 날 아프게 하려고 찾아온 게 아니라 다 그럴 만한 이유가 있지 않을까.

 아, 그러고 보니 불안을 오히려 찌푸린 눈으로 바라본 건 나였구나. 불안해하는 스스로를 보고 '다음에도 이렇게 불안해하면 어떡하지?'라며 다시 불안해하고. '나 또 불안해하네, 한심하다.'라며 자책하고.

 불안은 한자로 '아닐 부'에 '편안 안'이다. 즉, 편안하지 않다는 것이지, 극심한 고통을 준다는 의미가 아니다.

불(火) 안(內)에 갇혀서 극심한 고통을 주었던 건 어쩌면 우리 스스로가 아닐까.

후폭풍

만약, 중요한 일이나 시험이 끝나도 끝나지 않는 고통을 겪고 있다면, 그건 분명 당신이 그동안 열심히 달려왔기에 오는 '후폭풍'임을 알아주었으면 좋겠습니다. 그 후폭풍은 노력의 증거이자 스스로에게 이제 쉬어도 괜찮다는 신호임을 알아주면 좋겠습니다.

대상포진

언젠가 일을 한창 열심히 할 때 대상포진에 걸렸던 적이 있다. 이 사실을 상담 선생님께 말씀드렸더니 이렇게 물어보셨다.

"서연 씨, 최근에 스트레스를 받거나 의식적으로 내가 힘들다는 생각이 들었어요?"

하지만 이상하게도 오히려 반대였다.

"아니에요. 선생님. 최근에 정말 열심히 일한 것뿐인데, 왜 무의식적으로 스트레스를 받아서 대상포진까지 걸린 건지 모르겠어요."

그러자 선생님은 다시 말씀하셨다.

"서연 씨가 지금처럼 무의식적으로 힘들 때도 몸이 이렇게 반응하는데 그동안 서연 씨가 의식적으로 힘들다고 느낄 땐 얼마나 몸과 마음이 고통스러웠을까요."

순간, 멍해졌다. 나는 그동안 얼마나 내 마음을 외면해 왔던 걸까. 얼마나 회피하고 싶었으면 스스로 아픈지도 몰랐을까.

집에 돌아와 상담 받기 전 책상에 널브러져 있던 한가득 쌓인 계획표를 정리해서 서랍에 넣어 두었다. 지금 잠깐이라도 스스로가 보내는 '쉬어가자' 타이밍을 듣기 위해.

꽃은 어디서 피든 꽃이다

"분명 길을 걷고는 있는데,
자꾸만 헤매는 것 같아서
괜히 불안해요.
내가 틀린 건 아닌지 자꾸 뒤돌아보게 돼요."

 혹시 벚꽃이 나뭇가지 상단에 피어 있는 것이 아니라, 나무 몸통 중간에 피어있는 모습을 본 적 있나요? 보통 꽃은 줄기 상단 끝부분에 피곤 하는데, 우연히 나무 몸통에 새순이 돋으면서 꽃이 핀 모습을 보았습니다. 그 꽃을 본 순간, '어떻게 이렇게 용감할 수 있을까?'라는 생각이 들었습니다. 누군가는 '저 꽃 혼자만 여기에 펴서 참 외롭겠다'라고 생각할지 모르지만, 저는 그 벚꽃 한 송이가 그저 대견하게 느껴졌습니다. 그리곤 나도 이렇게 살고 싶다는 생각이 들었죠.

    우리는 인생이라는 커다란 공간 안에서 각자의 길을 묵묵히 걸으며 살고 있습니다. 분명 사람마다 걷는 길은 다르지만 많은 이들이 몰리는 길도 존재합니다. 마치 어디를 가나 흔히 말하는 핫플레이스가 존재하는 것처럼요. 그래서인지 세상은 가끔 우리가 '어? 이 길은 사람이 별로 없네? 내가 잘못 온 건가?' 하며 착각하게끔 만듭니다. 하지만 그건 말 그대로 착각일 뿐 사실이 아니라는 것을 기억해야 합니다. 길이 맞고 틀리고는 사람들의 선호도로 평가되지 않습니다. 아니 애초에 길은 평가의 대상이 될 수 없기에 그 길을 걷는 우리도 잘못되었다고 말할 수 없습니다.

    걷다 보면 누구나 길을 잃을 수 있고 정처 없이 헤매기도 합니다. 그리고 남들과 다른 길을 걷는다는 이유로 불안정한 미래를 불안해하기도 합니다. 그래도 괜찮습니다. 우리는 각자 자신의 고유한 길을 가지고 있으니까요. 길을 헤매는 것 또한 걷는 길의 일부일 뿐입니다. 그러니 그저 자신의 자리에서 묵묵히 해내면 되는 것이죠. 나만의 꽃을 피워봅시다. 그 종류와 상관없이 꽃은 어디서 피든 꽃이니까요.

그 꽃이 꼭 세상에서 말하는 성공의 결과가 아니어도 좋습니다. 꽃은 존재만으로 사랑을 받는 것처럼 우리도 살아 있는 것 그 자체가 꽃을 피워내는 것입니다. 솔직하게 힘든 세상에서 삶을 살아내는 것만큼 아름다운 게 있을까요? 꼭 남들이 인정해 주어야 가치 있는 꽃을 피우는 것이 아님을 알아주었으면 좋겠습니다. 지금 이 순간 숨 쉬고 있는 우린 이미 꽃이니까요.

당신이 걷는 그 길은
당신이 피워낸 그 꽃은
세상 그 무엇보다 소중하다는 것.

이미 그 자체로
비교할 수 없이 아름답다는 것.

험난한 세상에서
당신이 잘 살아가고 있다는 증거

1. 배고플 때 밥 거르지 않고 잘 챙겨 먹은 것

2. 상대방 이야기를 들어 주느라 고생한 것

3. 하기 싫지만 속앓이하면서 잘 견뎌낸 것

4. 나도 행복해지고 싶다고 표현한 것

5. 오늘 하루도 숨 쉬며 살아낸 것

나의 소설

    다가올 미래가 어떤 모습일지 모르겠습니다. 행복한 모습일 수도 괴로운 모습일 수도 아니면 지금처럼 여전히 불안한 모습일 수도 있겠죠. 하지만 어떤 미래인지는 크게 중요치 않다는 사실을 기억했으면 좋겠습니다. 그 어느 소설에서도 찾아볼 수 없는 나의 이야기니까요. 지금 이 순간에도 살아 숨 쉬며 써 가는 이야기의 주인공이 바로 '나'라는 게 중요한 것뿐입니다. 최악의 상황이 오더라도 그림 하나하나 글자 하나하나가 너무나 소중하다는 사실은 변치 않는다는 걸 기억했으면 좋겠습니다.

이 정도라면 해볼 만하겠다

"새롭게 무언가를 시작하는 게
언제부터인가 두려워졌어요.
추진력이 강한 사람을 보면 부럽고,
왜 이렇게 난 불안해할까 생각이 들어요."

주변 친구들이 저한테 자주 이렇게 묻곤 합니다. "서연아, 너는 도전 정신이 엄청난 것 같아. 어디서 이렇게 끊임없이 시도하는 힘이 나오는 거야?" 처음에는 내가 그런가 갸우뚱거리며 부정했습니다. 하지만 곰곰이 생각할수록 '아, 내가 일을 이것저것 많이 벌이는 스타일이긴 하지.'라고 인정하며, 스스로도 궁금해졌습니다.

세상에는 크게 두 유형의 사람이 있습니다. 자신이 좋아하거나 하고 싶은 일을 잘 아는 사람과 모르는 사람. 저는 둘 중 후자에 속했습니다. 무슨 일을 하든지 쉽게 흥미를 잃고 새로운 일을 찾아서 하는 탓에, 내가 도대체 무엇을 좋아하는 건지 알기가 어려웠습니다. 딱히 무슨 일을 해도 '이건 내 천성에 맞는 일이다. 꼭 해보고 싶다.'라는 느낌을 받지 못했죠.

그런데도 새로운 일을 시도하고 도전할 수 있었던 가장 큰 이유는 계획을 거창하게 세우지 않았다는 점입니다. 어렸을 땐, 계획을 세우는 것을 좋아해서 10분 단위로 시간을 나누어 계획하고 엄청난 목표를 세우곤 했습니다. 예를 들면, 국어 시험을 잘 보기 위해서 '매일 아침 8시부터 모의고사 1회분 풀고, 식사 시간 때마다 사자성어 외우기'와 같이 진입장벽 자체가 높은 계획을 세웠습니다. 아침에 일어나기 힘들어하는 저에겐 어마어마한 계획이었죠. 역시나 3일도 가지 못한 채 포기했고 저는 계획표대로 이행하지 못했다는 자책감에 빠졌습니다.

그래서 성인이 되고 나서부터는 계획을 세우되 새롭게 시작하는 일에 하루에 30분 이상 투자하지 않기로 결심했습니다. 그 결과 제 안에 있던 부담감이 비로소 덜어지면서 용기가 생겼습니다.

'이 정도라면 충분히 해낼 수 있겠다.'

여기서 기억해야 할 것은 작은 계획이라고 무시하면 안 된다는 것입니다. 오히려 작은 계획으로 시작할수록 꾸준히 하게 되고 그러면 자신감을 가질 가능성도 자연스레 커집니다.

무언가를 새롭게 시작하는 건 누구나 두렵고 불안할 수 있습니다. 그 떨리는 마음을 조금은 덜기 위해 우리는 눈에 보이지 않는 미래를 눈에 보이도록 계획표를 작성해 보거나 목표를 세울 수 있습니다. 그리고 '내가 이걸 할 수 있을까?' 하는 부담을 조금은 덜기 위해 아주 작은 행동부터 실천해 볼 수 있습니다.

만약, 내가 체력을 기르는 것을 목표로 삼았다면 당장 헬스장의 PT를 끊고 매일 나가기로 결심하기보다는 이틀에 한 번씩 20분 동안 동네 한 바퀴를 걸어보는 건 어떨까요?

이처럼 삶을 뒤바꿀 만한 큰 변화는 생각보다 엄청난 노력에서 시작하지 않습니다. 사소한 노력에서 점점 용기를 얻어 큰 노력을 들이게 되고, 그러다 보면 점점 실력을 얻어 큰 변화를 겪게 되는 것이죠.

그러니 훗날 멋지게 변해있을 내 모습을 상상하며, 오늘 할 수 있는 작은 일을 시작해 봅시다.

지금 당장 실천할 수 있는
작은 일부터 해보아요.

'나도 이 정도 일은
해볼 수 있겠다'라는
마음가짐이면 충분해요.
거창하지 않아도
소소한 계획이라도
조금씩 꾸준히 해내면
분명 변화의 첫걸음이 될 테니까요.

봄은 곧 온다 꼭 온다

무언갈 시작한다는 것. 설레는 마음도 있겠지만 두려운 마음도 뒤따른다. 누군가는 가벼운 마음으로 시작하지만 또 누군가는 꼭 해내야 한다는 무거운 마음으로 시작한다.

그래도 한 가지 공통된 게 있다면 또 다른 봄이 우리 앞을 기다리고 있다는 것. 물론, 봄을 맞이하기 위해 꽃샘추위를 거치는 것처럼 가끔은 춥고 비도 내리겠지만, 그 또한 꽃을 피워내기 위한 과정임을 우린 이미 알고 있다. 어쩌면 이렇게 당연한 이치를 우리의 삶에 적용하지 못했기에 여전히 겨울이었던 건 아닐까.

기억하자 우리.
봄이 오면 꽃은 분명 핀다. 그리고 봄은 반드시 온다.

불안을 다스리는 근육 이완법

1. 특정 신체 부위에 5초간 힘을 줘서 해당 근육 긴장하기
2. 천천히 힘을 빼며 '편안하다'라고 소리 내 말하기
3. 다시 깊게 숨을 들이쉬고 내쉬면서 '편안하다'라고 한 번 더 소리 내 말하기

또 다른 나

인정받는 것을 좋아하는 사람은 자신도 모르게 남들에게 칭찬받는 스스로의 모습만 인정한다. 나 또한 그랬다. 상담을 받던 중 내게 물어보신 질문에 아무 말도 하지 못했다.

"남들한테 칭찬받고 인정받는 서연 씨만 이서연인 게 아니잖아요. 서연 씨에겐 그 이서연 말고 또 어떤 이서연이 있어요?"

의외로 자주 우리는 스스로의 좋은 모습만 인정하려고 한다. 하지만 적어도 나만큼은 '못나고 부족한 나'를 가리는 것이 아니라 감싸주고 다독여 주어야 하지 않을까? 그래야 내가 나의 어떤 모습을 바라보더라도 미워하지 않고 온전히 사랑할 수 있지 않을까?

만약 실패가 아니라면

"분명 지금 지치면 안 되는데
꾹 참고 버텨야 하는데
마음은 그게 잘 안돼서 힘들어요.
자꾸만 무너질 것만 같아요."

무언가 해내야 하는 중요한 일을 앞두고 이런 생각이 들 때가 있습니다. 지금 무너지면 안 될 것 같다는 생각. 지금 지치면 앞으로 어떻게 될지 모르겠다는 불안감. 그때 우린 스스로를 다그치며 말합니다. '지금은 아니야. 아직 무너지면 안 돼.'

사실 무너지면 안 된다는 말은 내가 생각하는 실패에 대한 두려움과 불확실한 미래로 인한 불안감에서 비롯됩니다. 여기서 후자는 무언갈 해내고 싶은 욕구가 있는 사람이라면 당연하게 가질 수 있는 감정입니다. 따라서 불안할 때 마음속으로 '아, 내가 이 일에 대해서 정말 진심이구나. 잘하고 싶은 만큼 충분히 불안할 수 있지.'라고 되뇌면 더 이상 불안은 나를 괴롭히는 감정이 아님을 받아들이게 될 것입니다.

하지만 내가 스스로 실패라고 생각하는 결과가 나타날까 봐 드는 두려움은 다시 한번 점검할 필요성이 있습니다. 먼저 나 자신에게 다음 질문을 한번 던져볼까요?

"네가 생각하는 그 결과가 정말 실패인 거야?"

"만약, 실패라고 생각한다면 왜 그렇게 생각한 거야?"

여기서 만약 두 번째 질문에 '세상의 기준으로 바라봤을 때 사람들은 이걸 실패라고 말하던데?'라고 대답했다면 한번 다시 되물어 봅시다.

"세상이 실패라고 말하는 거라면 네 주변의 가까운 사람들도 너한테 그거 실패라고 말하고 있어?"

우리는 지금 무너지면 안 된다는 것을 너무 잘 알지만 반대로 한 가지는 잘 모르고 잊어버립니다. 설상 무너졌다고 해도 생각보다 큰일 나지 않는다는 사실 말입니다. 실제로 자신의 과거를 떠올려 보면 내가 예상했던 결과와 다르게 잘 풀렸던 경험이 분명 하나쯤 있을 겁니다. 그건 단순히 운이 좋아서 그랬던 게 아니라 나에게 어려움을 받아들이고 이겨내는 힘이 있어서 그랬기 때문입니다.

물론 지쳐서 주저앉으면 그 순간은 눈물이 멈추지 않고 감정적으로 아플 수 있습니다. 그래도, 세상의 모든 사람과 온 환경이 내게 실패자라고 비난하지 않는다는 사실을 알았으면 좋겠습니다. 단 한 명이라도 당신에게 실패가 아닌 값진 경험과 꼭 필요한 휴식이었다고 말한다면 그리고 그 한 명이 꼭 남이 아니라 나 자신이 될 수 있다면 당신은 다시 천천히 일어날 것입니다.

지금 지쳐버리면

안 될 것 같고

두렵고 불안할 때

반대로

지금 무너진다고 해도

생각보다 큰일 나지 않는다는 걸

믿어봐요.

내가 힘들어할 때

나를 비난하는 사람들보다

나를 응원해 주는 사람이

한 명이라도 있다면

무너지는 게 더 이상 두렵지 않을 거예요.

성취 중독

'이거 못 하면 남들이 날 어떻게 생각할까?' '이번에는 꼭 해내야 해.' 이러한 생각은 우리를 미치도록 불안하게 만들곤 한다.

어쩌면 우린 '성취 중독'에 빠진 게 아닐까? 성취감을 느끼는 방법 중 가장 효과적인 것은 남들의 인정을 받는 것이기에 그렇게 세상의 시선에 예민했던 게 아닐까?

그때마다 스스로 중얼거리듯 주문을 외워 보자.

"지금 아무것도 안 해도 너 충분히 가치 있는 사람이야."

"뭐 하려고 하지 않아도 돼, 지금 가만히 있어도 넌 존재만으로 기특한 사람이야."

그래, 꼭 어떤 성과를 보여 줘야 내 가치가 인정되는 건 아니니까.

이상 신호

 내가 목표하던 바를 이루지 못할까 봐 불안해하며 스스로 혹독하게 굴었던 적이 있습니다. 신체적으로도 커피와 박카스를 마시며 밤을 새우는 게 일상이었고 정신적으로도 이걸 해내지 못했을 때의 장면을 상상하며 나를 압박했습니다.

 그땐 알지 못했습니다. 단순히 목표 달성에만 시선을 고정시키고, 점점 망가져 가는 나 자신을 되돌아보지 못했습니다. 아니, 어쩌면 무시한 것일지도 모르겠습니다. 건강을 잃더라도 꿈을 이루면 행복할 것으로 생각했으니까요.

 뒤늦게 몸과 마음이 이상 신호를 보낼 때쯤 알아차렸고 이제는 같은 실수를 반복하지 않기 위해 부단히 노력 중입니다. 생각보다 이상 신호를 받기 전에 내가 힘들다는 것을 먼저 인지하는 건 꽤 어려운 일이기 때문입니다. 그래서 지금은 힘들다고 생각하지 않더라도 꼭 나에게 밤마다 물어봅니다.

"서연아, 오늘 하루는 어땠어? 혹시 지금 힘들진 않아?"

직업은 도구일 뿐

"좋아하는 일을 하고 싶은데
그 분야로 성공하기까지는
쉽지 않을 것 같아서 고민돼요.
꿈을 포기해야 할까요?"

당신의 꿈은 무엇인가요? 혹시 이 질문에 대한 답변으로 어떠한 사회적 직업을 말하진 않았나요? 예를 들어 '의사가 꿈이에요. 작은 책방을 운영하는 게 꿈이에요.'와 같이 말이죠. 우리는 상대방에게 꿈이 무엇인지 물어볼 때도 은연중에 특정 직업을 대답으로 듣길 기대합니다.

이뿐만이 아닙니다. 많은 사람들이 자신의 꿈을 한 편의

완벽하고 완성된 목표처럼 여깁니다. 그래서 이상적인 꿈은 항상 성공한 상태로 보입니다. 물론 그렇게 바라보는 것은 나쁘지 않습니다. 오히려 원동력이 되어 꿈을 현실로 만들기 위해 열심히 노력하는 삶을 살기도 합니다.

그렇다면 내가 좋아해서 가지게 된 꿈이 언제부터 부담으로 다가오기 시작하는 걸까요? 바로 그 꿈을 이루고 성공해야겠다는 '다짐'이 '강박'으로 바뀌는 순간부터 내 어깨에 짐을 지운 것만 같습니다.

제가 한창 진로로 고민하고 있을 때였습니다. 의대를 진학해야 할지 심리학 공부를 이어가야 할지 두 가지 선택로 앞에서 쉽게 결정하지 못했습니다. 한쪽 길을 선택해도 금방 휘청거리며 이게 옳은 길일까 혼란스러워했죠. 그런 저의 모습을 보고 한 교수님께서 이런 말씀을 건네주셨습니다.

"서연이는 의사와 심리학자 둘 중 어떤 직업을 가지더라도 공통적으로 사람들의 아픔을 들어주고 위로해 주는 사람이 되고 싶은 것 아닌가요?"

"네 맞아요, 교수님. 남을 돕는 게 제가 바라는 가치예요."

"그러면 꿈을 꼭 의사나 심리학자로 정하는 것보단 그 가치로 설정해 보는 건 어때요? 직업은 그 가치를 이룰 수 있게 도와주는 도구일 뿐이에요. 어떤 일을 하더라도, 서연이가 원하는 가치를 실현하면서 살면 그건 충분히 바람직한 삶 아닐까요?"

대화가 끝난 후 저는 더 이상 꿈을 계산적으로 환산하거나 세상이 평가하는 시선으로 바라보지 않게 되었습니다.

스스로 이루고 싶은 명확한 가치의 기준이 생겼기 때문입니다. 그래서 현재 작가로서 '사람들에게 사랑과 위로를 전하는' 저만의 가치를 실현할 수 있다는 것에도 너무 행복하고 만족스럽습니다.

당신에게 다시 한번 이 질문을 던지고자 합니다. 당신의 꿈은 무엇인가요? 아니, 당신이 살면서 이루고 싶은 가치는 무엇인가요? 여러분을 설레게 하는 삶의 가치는 무엇인가요?

여러분의 꿈을
어떠한 직업으로 설정하기보단
이루고 싶은 가치로 세워보세요.

당신이 살면서
꼭 이루고 싶은
생각만 해도 설레게 하는
가치를 찾아보아요.
그 순간 직업은
내 삶의 가치를 이루어 주는
훌륭한 도구가 될 거예요.

나는 하루 동안 무얼 했을까

하루, 24시간이 다 되어가는 이 시간에 드는 생각. 나는 오늘 무얼 계획하고 무얼 이루었을까. 왜 이렇게 하루가 힘들었을까. 마음 아픈 소식도 왜 이리 많았을까.

그럼에도 불구하고 안도의 한숨이 쉬어지는 건 지금 내가 살아있다는 사실 때문일까. 누군가의 옆에 여전히 존재한다는 사실 덕분일까. 이렇게 생각하니 내 존재가, 내가 살아왔던 삶이, 그리 아무것도 아님은 아닌가 보다. 힘들었던 만큼 버텼고 버틴 만큼 살아있으니 안쓰러워도 기특한가 보다.

그래, 남들보다 뛰어나게 잘 살진 못해도, 그리 열심히 살진 못해도, 가슴이 쓰라릴 만큼 숨을 쉬었다. 분명 크게 내뱉는 이 숨이 언젠가 다시 돌아와 나를 또 살게 해주겠지.

당신도 나도 오늘 하루 고생 참 많았다. 잘 버텨주어 고맙다. 내일도 함께 숨 쉬어보자, 우리.

내 목소릴 듣자

 우린 충분히 최선을 다했고 그만큼 노력도 최상이었어. 단지 불안한 이유는 준비가 덜 되어서가 아니라 미래를 예측할 수 없기 때문이야. 그러니까 세상의 소리는 잠시 접어두고 나 자신을 믿자. 내 목소릴 듣자.

내 건 어디에 있을까

"문득 이런 생각이 들어요.
이게 정말 내가 하고 싶은 건지
아니면 남들이 내게서
원하는 건지 혼란스러워요."

 한창 어렸을 때, 의사가 되는 것이 꿈이자 목표였습니다. 제일 알아주는 예술 중학교에 입학해 피아노를 전공했지만 의사가 되고 싶다는 생각 하나로 인문계 학교로 전학을 갔습니다. 하지만 안타깝게도 몸과 마음의 건강이 악화되면서 수능에서 좋지 않은 성적을 받게 되었고 이로써 의사가 되는 꿈과 멀어지기 시작했습니다. 그래도 마음속엔 늘 흰 가운을 입고 환자를 진료하는 모습이 선했기에 쉽게 포기하기 어려웠습니다.

어느 날 상담 선생님께서 의대 진학에 대한 미련을 못 버리는 제 모습을 보시곤 이렇게 물으셨습니다. "서연 씨, 정말 의사가 되고 싶나요?" 처음에는 조금 의아했습니다. 저한텐 당연한 거였으니까요. 곧 상담 선생님께서 다시 물으셨습니다. "정말 의사가 되고 싶은 그 꿈은 서연 씨가 만들어 낸 건가요? 가족이나 주변 사람의 기대와 영향을 제외하고요." 그 순간, 갑자기 몰려오는 혼란스러움에 당황했습니다. 그 질문에 쉽게 "네, 정말 제가 만든 목표 맞아요!"라고 대답할 수 없었기 때문이죠. 게다가 이러한 생각도 들었습니다. '내가 정말 원하던 것이라면, 왜 이 꿈을 이루기 위해 노력하는 모든 것이 힘들지? 아니, 한 걸음 내딛으려고 시작하는 것조차 왜 이렇게 지치지?'

그날 이후, 며칠간 공허함 속에서 허덕일 수밖에 없었습니다. 내 것이라고 철석같이 믿고 있던 상자를 이제 와서 포장지를 뜯었더니 남의 것이었다니. 껍질로 가려진 줄도 모르고 등에 무거운 상자를 지워 열심히 내 공간으로 옮기고 있었는데 말이죠.

이 공허함을 벗어나기 위해 '내 것은 그럼 어디에 있을까?' 하며 발걸음을 바삐 움직이기 시작했습니다. 내 이름표가 쓰인 또 다른 상자를 찾기 위해 온 신경을 곤두세웠습니다. 그러다 보니 지금 하고 있던 모든 일에 의심이 가기 시작했습니다. 하나하나 따지며 이건 내 의사가 몇 퍼센트 반영된 것인지 째려보듯 지켜봤습니다. 다시 똑같은 실수를 반복하지 않기 위해 열심히 내 것을 찾아다녔습니다. 하지만 도무지 내 이름은 보이지 않았고 마음은 갈수록 조급해져만 갔습니다.

계속 발견하지 못해서 포기해야 하나 싶을 때쯤 이런 생각이 스쳐 갔습니다. '그러고 보니 상자는 다시 만들면 되잖아? 내가 만들었으니까 내가 직접 이름도 쓰면 되는 거고.'

그렇습니다. 이 세상 속 수많은 상자들 중 내 이름이 쓰인 상자를 찾으려고 하니 당연히 지칠 수밖에 없었던 것입니다. 게다가 상자는 만들면 그만이라서 찾기보다 만드는 게 더 빠를지 모릅니다.

이제는 내가 하고 싶은 일이 있을 때 다른 사람의 입김이 있는지 없는지부터 먼저 생각해 봅니다. 물론 아예 남들의 영향이 없을 수는 없겠지만, 하고 싶은 일의 중심 속에 내가 존재해야 한다는 건 분명 중요한 사실입니다. 그리고 세상에는 사람들이 하는 수많은 일이 있지만, 그 일들 속에서 나한테 맞는 것을 찾기보다 내가 정말 원하는 일을 만들어 가는 것. 그것이 진짜 스스로가 바라던 게 아닐지 생각이 듭니다.

내 건 어디에 있을까
찾아다니느라
지치지는 않았나요?

우리 이제는
더 이상 찾지 말아요.

우리 이제는
만들어 내 보아요.

내 이름이 쓰인
나의 상자를.

느끼기엔 너무 작지만 가까운 감정

  자꾸만 넘어지고 지치는 와중, 이런 생각이 들었다. '사는 게 맞을까?' 사실 답은 세상에 없다. 그리고 답을 찾아가는 과정 또한 고되고 힘들다. 하지만 우리가 살아가는 중간중간 발견했던 소소한 행복이 늘 우리의 삶을 조금이나마 이어가게끔 만들지 않았을까.

  비록 행복은 발견하려고 하면 너무 커서 어렵고, 느끼려고 하면 너무 작아서 어렵다. 그치만 딱 그 반대가 되는 순간 행복이 나와는 멀리 떨어진 존재가 아니라 가까운 곳에 있는 자그마한 존재라는 걸 알게 된다.

  그래, 별거지만 별거 아닌 행복 찾아 살아야지, 오늘도.

단순하되 세심하게

종종 내가 과연 스스로 의지를 가지며 살고 있는 건지, 어쩔 수 없이 살고 있는 건지 헷갈릴 때가 있다. 그런 의문이 들 때면 삶의 의미를 잃어버린 것만 같아 왠지 모르게 고달파진다.

이러한 생각에 휩쓸릴 때쯤 이렇게 살면 좋겠다고 생각한다. 단순하게 살되 세심하게 마음을 가지는 삶. 물론 사람들은 다양한 경험을 하면서 지내는 삶이, 영화처럼 서사가 깊은 삶이 좋다고 혹은 멋지다고 말하곤 한다. 하지만 그렇게 위인전에 나올 법한 삶도 좋지만 사소한 하루에서 다양한 감정을 느낄 수 있는 삶도 충분히 가치 있지 않을까. 아니 어쩌면 더 행복하지 않을까. 다른 사람이 보기엔 반복되고 지루한 일상일지 몰라도 그 안에서 내가 느끼는 온도는 0도, 100도뿐만 아니라 수없이 많을 테니.

평범함

　인간관계에 치여 삶이 불안하고 우울한 밤을 지새우다 보면 '행복이 그립기보다 평범함이 그립다'라는 생각이 든다. 만약 내게 누가 "마음의 병을 얻고 100억을 가질래요? 아니면 평생 마음의 병 없이 살래요?"라고 물으며 둘 중 하나만 고르라고 한다면 망설임 없이 후자를 선택할 것이다. 이 아픔을 알기 전의 평범함이 무척 그리우니까. 마음의 병이란 건 어쩌면 매일을 낭떠러지에서 떨어졌다가 다시 고되게 올라가는 산행을 반복하는 거니까.

사실은 내 편

"불안해하지 않고
살아가면 얼마나 좋을까요?
걱정하지 않고
살아가면 얼마나 편할까요?"

 한때, 이런 생각을 한 적이 있습니다. '불안이라는 감정이 아예 사라졌으면 좋겠다.' 그 생각을 하게 된 계기는 갑작스러운 엄마의 사고 때문이었습니다. 여느 일상과 다름없이 저녁을 먹고 방에서 쉬고 있는데, 갑자기 엄마가 두통을 호소하시며 쓰러지셨고, 병원에 가니 심한 뇌출혈이라고 응급 수술을 해야 한다고 했습니다. 다행히 수술은 잘 끝났지만 뇌동맥류라는 큰 혈관에 출혈이 발생한 것이라 깨어나실지는 의사 선생님도 장담할 수 없다고 말씀하셨습니다. 실제로 2주가 다 되어서야 중환자실에서 눈을 뜨셨고 각종 후유증과 약물 부작용과 끊임없이 싸워야 했습니다.

그 뒤부터 매일매일 불안해하며 살았던 것 같습니다. 심지어 엄마가 퇴원하시고 집에 돌아오셨을 때도 밤이 되어 잠잘 때 문득 불안해져서 엄마가 계신 방문을 살짝 열어보곤 했습니다.

물론 지금은 그 불안감이 많이 줄어들었고 다시 돌이켜보니 그런 감정이 있어서 오히려 다행이라는 생각도 들었습니다. 엄마의 건강뿐만 아니라 가족, 나의 건강까지도 조금 더 관심을 가지게 되었기 때문입니다. 그리고 적당한 불안감과 걱정을 가지게 된 지금은 어떻게 해야 이 감정을 건강하게 해소할 수 있을까 고민하며 방법을 찾아나가고 있습니다.

사실, 예전에 들었던 극심한 불안은 내가 조절할 수도, 감당할 수도 없는 벅찬 감정이기에 고통스러웠지만 그저 묵묵히 그 감정을 솔직하게 느낄 수밖에 없었습니다. 하지만, 한계치에 도달할 만큼의 불안을 겪고 나니 오히려 지금의 걱정은 작은 솜털에 불과했고, 곧 지나갈 것이라는 걸 알고 인내하기 시작했습니다.

어쩌면 불안은 양날의 검일지도 모릅니다. 때론 우릴 괴롭히기도 지켜주기도 합니다. 그래도 생각보다 나쁜 것만은 아니라는 것을 깨닫는 순간 불안은 내 편일지 모르겠습니다.

양날의 검 같은

불안과 걱정은

사실 당신 편입니다.

스스로

감당할 수 있는 만큼만

버텨도 괜찮습니다.

최대한 솔직하게

불안을 느끼고

최대한 가볍게

걱정을 다루어 보아요.

행복해지고 싶다는 소망

    행복해지고 싶다는 소망. 아니, 행복하지 않더라도 평안하게 살고 싶다는 소망. 요즘 이 소망이 참 간절해졌다. 더 이상 아픈 게 지겨워서이기보다 더 이상 아플 수만은 없어서일까. 이제는 다른 사람으로 멋지게 변해서 살고 싶어서가 아니라 이런 사람으로 사는 게 스스로 너무 안타까워서일까.

    그 이유가 어찌 되었든 간에 내 안에 행복해지고 싶다는 소망이 남아있는 건 참 다행이다. 그 소망의 불씨 하나로 오늘도 살아냈으니까. 내일을 기약할 수 있을 테니까.

    그래, 오늘도 어찌저찌 버텨 보았으니 오늘 하루를 이겨본 힘으로 내일을 버텨봐야지.

그대로 있어요, 우리.

너무 지치고 힘들 때
주저앉아서 울어도 괜찮아요.

다 포기하고 싶을 때
잠시 멈추어도 괜찮아요.

누군가를 의지하고 싶을 때
제게 기대도 괜찮아요.

혹여, 만약 모든 게 힘들다면
그저 가만히 있어도 괜찮아요.

내가 당신 곁에서
조용히 기도할게요.

그대로 있어요, 우리.

불안을 다스리는 체크리스트

☐ 먼저 최선을 다하기
☐ 다른 사람 말에 휩쓸리지 않기
☐ '나'가 내 삶의 주체 되기
☐ 불안해하는 자신을 보고 다시 불안해하지 않기
☐ 마음껏 불안을 느낄 수 있는 시간대를 따로 정하기

(4장)

나도 너도 사랑할 수 있을 거야

사랑에 몸과 마음을

"호감 가는 사람이 생겼어요.
근데 막상 연애를
쉽게 시작하기가 어려워요.
사실 또 상처받을까 봐 두려워요."

사람을 쉽게 좋아했습니다. 그렇다고 쉽게 만난 건 아니었습니다. 언제나 사람을 사귀기 전에 설렘 반 의심 반이었으니까요. 내가 좋아하는 사람이 나를 좋아한다고 말하면 기쁘기보다 앞으로 언제 다가올지 모르는 이별이 더 두려웠습니다.

그런데 한 사람을 만나고 나서부터 왠지 모를 용기가 생겼습니다. 이 사람과 함께라면 그동안 겪었던 상처가 기적처럼 사라지는 건 아니더라도 아물어 갈 수는 있겠다는 생각이 들었습니다. 처음으로 놓치고 싶지 않다는 생각이 들어 용기를 냈고 지금까지도 인연을 이어가고 있습니다.

지금 생각해 보면 용기를 낸 그 순간에도 계속 불안해했고 이별이 다가올까 봐 무서웠습니다. 그래도 살아가면서 몇 없는 용기 있는 선택이었다는 생각은 변치 않습니다. 물론 그 사람을 만나면서 얻게 된 상처가 없다면 아예 거짓말일 것입니다. 그런데도 사랑하면서 생긴 상처보다 새롭게 얻는 회복력이 더 크기에 사랑을 이어갈 수 있습니다.

사랑을 시작하기 전에도 시작하고 나서도 혹여 끝나더라도 사람으로부터 얻은 상처는 쉽게 사라지지 않을 것입니다. 계속 잔흔처럼 남아 내 선택을 방해할지도 모릅니다. 그래도 한 발짝 더 나아가 새로운 사람을 알아갈 때, 나의 용기 있는 선택을 스스로 믿어줄 때, 사랑은 그 자체로 충분히 가치 있는 감정이자 행동입니다. 우리, 내가 느끼는 사랑에 한 번 몸을 맡기고 마음을 허락해 보는 건 어떨까요?

사랑은
시작하는 것만으로도
가치 있는 행동입니다.

용기 내어
사랑을 느껴 보아요.

내 마음에게
사랑이라는 감정을
허락해 보아요.

그 순간 상처는
다시 치유될 것입니다.

부정성 편향

    유독 우리가 부정적인 정보나 모습에 눈이 잘 가는 이유가 있다. 바로 부정성 편향 때문이다. 부정성 편향은 말 그대로 부정적인 것을 먼저 받아들이는 경향을 뜻한다. 이는 나쁜 정보를 먼저 처리해야 위험을 피할 수 있어서 생긴 것으로 알려져 있다.

    하지만 안타깝게도 부정성 편향은 다음과 같은 상황에서도 발현될 때가 있다. 좋아하는 누군가와 새롭게 만나고 싶지만 그 사람의 단점과 내가 과거에 받았던 상처가 겹쳐 보이면서 시작이 꺼려지는 상황. 물론 그 단점이 내 상처를 더 악화시킬 수도 있겠지만 한 번쯤은 객관적으로 두 모습을 떨어뜨려서 바라볼 필요가 있다. 예상외로, 좋아하는 사람의 단점은 내 상처를 곪게 할 힘도, 아물게 할 능력도 거의 없기 때문이다.

사랑은 나에게도 상대방에게도 변화를 불러올 수 있는 특별한 감정이다. 하지만, 그 변화는 사랑을 시작하지 않으면 일어나지 않는다. 그렇기에 사랑을 믿고 그 사람에게 다가가 보는 건 어떨까?

순수함을 서로가 공유할 때

"좋아하는 사람이 생겼어요.
어떻게 다가가야
제 마음을 표현할 수 있을까요?
어떻게 해야 제 마음을 알아줄까요?"

가끔 이런 질문을 받습니다. "나 좋아하는 사람 생겼는데 어떻게 다가가야 할까? 어떻게 표현해야 그 사람도 날 좋아해 줄까?" 그때마다 변함없이 대답하곤 합니다.

"솔직하게 보여줘." 그러면 이렇게 손사래를 치며 친구가 대답합니다. "어휴, 안돼~ 솔직하게 보여주면 오히려 도망갈지도 몰라."

친구의 말을 들은 저는 웃으며 다시 말을 덧붙였습니다.

"꾸며서 보여주려 하지 말고, 있는 그대로 네 모습을 보여줘. 어차피 거짓으로 보여준 모습은 언젠가 드러날 거고, 서로에게 실망감만 안겨줄 거야. 그리고 어떻게 다가가야 할지 고민하는 것도 좋은데 네 모습 그대로를 충분히 받아주는 사람을 만나고 사랑해."

사랑은 사람이 머리로 무언갈 재지 않고 순수한 모습을 보이도록 하는 몇 없는 감정이다. 그래서일까, 그 순수함을 서로가 공유할 수 있을 때 그 관계를 사랑으로 칭하고 싶다.

좋아하는 사람이 생겼다면 적어도 그 사람에겐 솔직해지는 게 어떨까. 자기 모습을 좋다 나쁘다고 계산하지 말고 순수하게 보여주는 건 어떨까.

나도 너도 사랑할 수 있을 거야

좋아하는 사람에게
어떤 모습을 보여줄지
고민하지 말아요.

지금 있는 그대로
내 모습을 솔직하게
용기 내 보여주세요.
그리고
당신의 모습 그 자체를
받아줄 수 있는 사람을
만났으면 좋겠어요.

사랑을 알게 된 시점

 그런 거 있잖아. 유독 한숨밖에 나오지 않는 하루여도 네 얼굴 보면 괜히 웃게 되는 거. 일에 치이고 사람에 치여서 허무할 때 네 손 잡으면 괜히 벅차오르는 거. 생각이 너무 많아서 머릿속이 복잡할 때 네 목소리 들으면 괜히 다 잊게 되는 거.

 그게 바로 네가 가진 커다란 힘이야. 나를 하루하루 살리는 원동력 같다고나 할까. 다른 것 굳이 하지 않으면 뭐 어때. 네 존재로 나의 삶이 증명되는걸.

 내가 사랑을 알게 된 시점은 널 만나기 전과 후로 나뉘고 내가 널 처음 만난 시점은 사랑을 알기 전과 후로 나뉘어.

근데 사랑이 깊어지는 건 시점으로 표현할 수가 없더라고. 매 순간 조금씩 연속선상에 있으니까.

정말 신기해. 사랑이 별거 아닌데, 그 별거가 사람을 바뀌게 할 수 있다는 걸 깨닫게 되었어. 가족도 친구도 아닌 이 세상 하나뿐인 너를 통해.

떡볶이 먹으러 가자

  우리, 떡볶이 먹으러 가자. 네가 좋아하는 시장 떡볶이로. 네가 먹고 싶어 한 것 어떻게 알았냐고? 그거 알아? 네가 먹고 싶은 음식이 있을 땐 검색창을 띄워놓고 입술을 삐죽 내밀어. 그럴 땐 두 가지 의미가 있어. '아, 머릿속이 복잡하구나' 그리고 '무언가 먹고 싶구나' 근데 오늘은 왠지 둘 다 해당하는 것 같아. 만나자마자 내 품에 기대듯 안기는 네 모습에 느낌이 딱 왔거든. 오늘은 너와 함께 맛있는 걸 먹어야겠다고.

오로지 당신을 위한 기도

    그거 아나요? 내가 당신을 만나기 전에 꼬옥 두 손 모아 간절히 기도한다는 사실을. 어떤 기도를 하냐고요? 당신이 나를 만날 때만큼은 정말 잠시라도 괜찮으니까 덜 아프게 해달라고, 더 기쁘게 해달라고.

    이렇게 간절히 기도해요.

막연한 불안감 속 확실함

"정말 원하던 사람과
만나기 시작했어요.
근데 한순간에 이 행복이
사라질까 봐 겁이 나요."

좋아하는 사람과 사랑이 이어진다는 건 언제 일어나도 기적 같은 일입니다. 수많은 사람들 중 특별히 그 한 사람과 만나게 된 것이니까요.

하지만, 이러한 축복 같은 일에도 여전히 마음 한편으론 불안할 수 있습니다. 저 또한 연애 초반에 시도 때도 없이 찾아오는 불안감에 스스로를 자책하기도 했습니다. 그래서 솔직하게 사랑하는 사람에게 털어놓았습니다.

"있잖아, 나 이상하게 요즘 불안해."

"음? 어떤 게?"

"나중에 네가 날 떠나면 어떡하지 하는 불안감. 근데, 이렇게 쓸데없이 불안해하는 내가 너무 싫기도 해."

"아니야, 절대 네가 이상한 게 아니야. 누구나 안정된 상황에서도 충분히 불안해할 수 있어. 음, 정 불안하면 이렇게 생각하는 거 어때? 알 수 없는 미래를 생각하기보다, 지금 함께 있는 현재에 어떻게 시간을 같이 보낼 건지 생각해 보자."

그때, 깨달았습니다. 막연한 불안감 속에 확실함이 하나 존재한다는 것을. 불확실한 미래 속 확실한 한 가지는 사랑하는 사람이 나와 여전히 함께한다는 사실이라는 것을.

사랑하면
안정된 상황이더라도
충분히 불안할 수 있어요.

그런 스스로의 모습을
자책하지 말고

지금 이 시간에
사랑하는 사람과
어떻게 무엇을 하고 싶은지
생각해 보아요.

사랑하는 시간 자체가
금일 테니까요.

둘이어도 우리니까

    날씨가 매섭도록 추운 날, 그때도 우린 늘 함께였다. 둘 중 한 사람이 조금이라도 몸을 떨면 나머지 한 사람이 곧바로 목도리를 둘러주었고 손에 핫팩을 쥐여 주었다. 설상 핫팩이 식었다 해도 춥지 않았다. 아니, 추운지 몰랐다. 서로의 손을 잡고 주머니 속에 넣으면 그 온기가 몸 전체로 퍼져나갔으니까. 그렇게 우린 차디찬 겨울을 '하나'로 견뎠다.

    또 한 번 겨울이 찾아왔다. 해를 거듭할수록 '하나'가 되기 어려워졌다. 다른 의미로 우린, 각자 상이한 모습의 '하나'로 분열 중이었다. 그래도 우리가 달라지지 않은 건 그 온기를 기억한다는 사실이다. 점점 바쁘게 변해가는 삶으로 '하나'가 되기는 어려웠지만, 여전히 그 무언가로 이어져 있다는 건 분명 변치 않았다.

    맞다, 우리는 둘이어도 '우리'니까.

    앞으로도 그럴 테니까.

아픈 모습조차

"나는 사랑할 자격이 없어. 내 아픔과 낮은 자존감 때문에, 나는 너한테 해줄 수 있는 게 없어."

그런데 삐죽삐죽한 가시를 곤두세우며 움츠리고 있는 내게 그는 자신의 몸에 상처가 나면서까지 나를 안아주며 이렇게 말했다.

"어떻게 서로 똑같이 사랑하겠어. 그건 별로 중요치 않아. 그리고 너의 상처가 내게 또 다른 상처를 준다고 해도 난 괜찮아. 그 아픈 모습마저도 너잖아. 난 그냥 네가 좋은 거야."

눈물이 났다.
솔직히 눈물이 난 이유는 정확히 알 수 없었다.

대신 한 가지 확실한 건 아마 안심의 눈물이었던 것 같다. '나처럼 상처가 많은 사람도 사랑받을 수 있구나'라는 생각과 함께.

사랑의 크기를 비교하기엔
서로가 너무 소중한걸

    사람들은 사랑엔 갑을관계가 없고 생겨서도 안 된다는 말에 동의한다. 동시에 '누가 더 사랑하는지' 즉, 사랑의 크기로 갑을관계가 생길 수 있다는 말에도 동의한다.

    근데, 누가 더 사랑하는지에 따라 갑을관계가 결정된다면 너무 불공평하지 않을까. 그렇게 되면 내게 무한한 사랑을 주는 가족조차 나의 갑이 되어버리는 것이니까.

    사랑은 크기가 정해져 있지 않다. 사람에 따라 다르고, 시간에 따라 변한다. 오늘은 내가 당신을 더 사랑할 수도 있고, 내일은 당신이 나를 더 사랑할 수도 있다. 그러니까 기억하자 우리, 서로가 서로에게 소중한 사람이라는 것 하나만.

상이와 수용

"연인과 오랫동안 만나려면
서로가 서로에게 요구하는 대로
자신을 바꿔야 할까요?
맞춰가는 과정이 너무 힘들어요."

 누구나 연애를 시작하기 전에 사랑에 대한 이상적인 기준과 모습을 가지고 있습니다. 예를 들면 '그 사람이 나에게 연락을 잘 해줬으면 좋겠다', '나랑 같이 맛집을 찾아다니는 데이트를 하면 좋겠다' 등 말이죠.

 하지만 연애하다 보면 예상과 다르게 흘러가는 상황과 새롭게 알게 되는 연인의 모습에 당황하고 실망할 때가 있습니다. 그럴 때마다 흔히 우린 서로에게 '나를 위해 어떻게 해 줬으면 좋겠다'라는 말을 건넵니다. 그리고 아무리 말해도 바뀌지 않는 상황과 연인의 모습을 보면 더욱 속상해하며 다투기도 하죠.

사실 연인과의 만남을 오랫동안 이어가는 것에는 여러 비결이 존재하지만, 그중 제일 중요한 것은 서로의 다름을 인정하는 태도입니다. 물론 내가 원하는 이상적인 사랑을 하기 위해서 애초에 나와 완전히 잘 맞는 사람을 만나면 좋겠지만 사실 그건 거의 불가능에 가깝습니다.

서로의 상이한 모습을 수용한다는 건 절대 '나는 나대로, 너는 너대로'가 아닙니다. 오히려 '나는 너의 그 모습을 이해할 수 있어. 그래서 너에게 맞는 새로운 모습을 나에게서 만들어 내고 싶어.'처럼 자연스럽게 서로에게 맞추어 가는 변화까지 일어나는 것이 바로 다름을 인정하는 태도입니다.

저 또한 사랑하는 사람과 사소한 것부터 거대한 것까지 섞이기 힘든 모습을 가지고 있습니다. 예를 들면 그 사람은 치즈를 못 먹지만 저는 치즈를 무척 좋아한다는 사실과 서로 다투었을 때 혼자만의 시간을 갖는 그 사람과 그 자리에서 바로 풀어야 하는 저의 모습처럼 말이죠.

이렇게나 다른 모습을 매번 맞추어 갈 순 없더라도 한 번은 나의 모습대로, 또 한 번은 사랑하는 사람의 모습대로, 번갈아 가다 보면 서로의 입장을 이해하게 되고 더 나아가 서로가 살아왔던 삶도 알게 됩니다. 어쩌면 사랑의 지속은 별다른 기술이 필요한 게 아닐지도 모릅니다. 나와 다른 '친한 친구의 모습'을 이해하듯, 너무 큰 이상을 가지고 연인에게 높은 기준을 적용하는 것이 아니라 적당한 기대와 적절한 배려를 통해 이해하는 것이 사랑을 더욱 오랫동안 빛나게 합니다.

서로의 다름을
인정할 수 있을 때

서로에게
너무 높은 이상과 기대를
바라지 않을 때

서로를 적절하게
배려할 수 있을 때

사랑은
더욱 오랫동안
찬란해집니다.

사랑은 물 같은 거야

"있잖아, 원래 사랑이 이렇게 힘든 거야?"

"그치, 사랑은 물 같은 거야. 따뜻할 때도 있고, 차가울 때도 있고. 너무 뜨거우면 사라지고 하고, 너무 차가우면 굳어버리기도 하고."

사랑하는 시간이 금

 문득 이런 생각이 들었어. 우리가 만약 사라지게 될 시간이 정해져 있다면, 이렇게 화를 내는 게 의미가 있을까. 서로에게 속상한 마음을 가지고 말하지 못한 채 속앓이하는 게 과연 맞는 걸까. 물론 정답은 없겠지만 그러기엔 시간이 너무 아깝잖아. 서로를 보듬어 주기에도 모자란 시간이잖아.

 그래, 사실 우리는 언제 이 세상을 떠날지 모르는 여행자인걸. 그러니까 짧다면 짧고, 길다면 긴 여행 동안 한 사람을 사랑하게 된 건 너무 낭만적이야. 이 낭만을 극대화하기 위해 이제부터라도 시간을 아껴서 사랑해야겠어.

 시간이 금이라서 보다, 우리가 사랑하는 시간이 금이니까.

11시 11분

그거 알아? 다른 사람이었으면 지나쳤을 날짜도 너라서 다르게 받아들이는 것. 예컨대, 너와 함께한 시간이 345일이라든지 네게 전화를 건 시각이 11시 11분이라든지.

아샷추

"요즘 이상하게
사랑하는 사람을 만날 때
예전만큼 설레지 않아요.
여전히 사랑하는 걸까요?"

내가 사랑하는 사람과 사랑을 하게 된다는 건 참 기적 같은 일입니다. 그런데 문득, 그 기적의 모습이 꼭 커피 '아샷추'를 닮았다는 생각이 들었습니다.

혹시 아샷추라고 들어보셨나요? 아샷추는 복숭아 아이스티에 에스프레소 샷을 추가한 음료입니다. 달콤한 맛과 동시에 쌉쌀한 맛이 나서 아메리카노를 잘 못 먹는 사람들도 만족할 만큼 한때 꽤 유행하며 많은 인기를 얻었죠.

저 또한, 친구의 추천으로 아샷추를 먹어보게 되었는데 처음 먹어보는 오묘한 맛이라서 신기했습니다. '과연 이걸 다시 마실까' 하는 의문이 들었지만 신기하게도 며칠 후에 그 맛이 자꾸 생각났습니다. 결국, 카페에 갔을 때 다시 한번 아샷추를 시키고 집에서도 직접 만들어 마실 정도로 완전히 그 매력에 빠져버렸습니다.

처음에는 달콤하고 익숙한 맛에 거부감 없이 받아들이다가 점차 느껴지는 쌉쌀한 맛에 낯설어하며 미간을 약간 찌푸리게 되는 그런 모습. 그런데, 한 번 겪고 나면 다음에도 그 맛을 기억하며 자꾸 떠오르는 모습.

그러다 문득 이런 생각이 들었습니다.

'달달하면서도 쌉쌀한 맛. 왠지 우리가 하는 사랑의 모습과 비슷한 것 같은데?'

이런 과정이 어쩌면 우리가 겪는 사랑과 닮았다는 생각에 흥미로웠습니다. 우린 사랑을 하며 초반에는 설렘을 가진 달달한 연애를 하는데 시간이 지나면서 서로의 다른 모습으로 충돌하기도 하고 다투기도 하니까요.

그래서 사랑하면 행복하기도, 아프기도 하지만 그래도 계속 생각나기에, 계속 떠오르기에 사랑을 이어가곤 합니다.

여러 모습을 가지며 다양한 영향을 주는 사랑. 저는 사랑의 다채로운 장면이 부디, 사랑 그 자체로 우리에게 남을 수 있으면 좋겠습니다. 그래도 사랑이니까요.

달달하면서도
쌉쌀한 맛을 가진
아샷추

어쩌면 우리의 사랑은
아샷추와 같지 않을까요?
때론 설레고 달콤하지만
때론 미간이 찌푸려지는 쌉쌀함.

모습은 비록 다양하지만
그래도 자꾸 생각나는 마음은
변하지 않는 게
사랑 아닐까요?

딱 여름만큼만 사랑해요

 갑자기 바다가 보고 싶다던 당신과 함께 부산에 갔었죠. 그날 밤바다는 살을 스치는 바람도 저 멀리 들려오는 파도도 유독 시원했어요. 우리가 가졌던 불꽃만 제외하고 말이에요. 긴 철사 막대에서 자그맣게 점으로 시작한 불꽃은 곧 요란하게 소릴 내며 활활 타올랐고 난 아직도 그 장면을 잊을 수 없어요. 마치 우리의 모습 같았거든요.

 서로가 가진 폭죽 막대의 길이는 같지만 불꽃이 타오르는 속도는 달랐어요. 한 가지 속상했던 점은 당신의 불꽃이 먼저 사그라들었다는 걸까요. 하지만 그때 당신이 내 남아있는 불꽃을 보며 말했었죠. 여전히 아름답다고. 그리곤 내 불씨를 나누어 가지며 다시 새롭게 폭죽을 꺼내 들었죠.

당신의 그 말이 여전히 내 불꽃을 살리고 있어요. 여름이 지나 겨울이 다가오는 지금, 여전히 난 여름에 머무르고 있어요. 물론, 체온이 떨어지는 순간이 올지도 몰라요. 그렇지만 더 이상 겨울이 오는 게 무섭지 않아요. 마음은 여전히 따뜻하니까요, 그때의 여름처럼.

그래서 말인데 우리 딱 여름만큼만 사랑해요. 강렬한 태양만큼이 아니어도 좋아요. 그저 시원함 속에 따스함이 존재했던 우리의 여름밤만큼만 사랑해요. 그거면 충분할 것 같아요. 이번 겨울을 나기에.

미안해 말고 고마워

그런 사랑 하자, 우리.

서로 부족한 게 있다면
인정하고 받아줄 수 있는 사랑.

"미안해"라는 말을
하는 것과 받는 것에
익숙해지지 않는 사랑.

"고마워"라는 말을
서로 먼저 건네주는 사랑.

이런 사랑 하자, 우리.

사랑의 본질만 가져갑시다

"이별의 결과가 '행복한 사랑'이 아니고
'아픈 연애'라 슬픕니다.
어떻게 하면 이 슬픔을 잊을 수 있을까요?
빨리 이 시간이 지나갔으면 좋겠어요."

흔히 사람들이 사랑을 논할 때, 말하는 문장이 있습니다. "사람 사이에는 만남이 있으면 헤어짐도 있는 게 당연한 거야." 이 말을 들으면 왠지 기분이 씁쓸해지고, 결국 사람은 떠나기 마련인데 왜 이렇게 우린 애를 쓰는 걸까 하며 허탈해지기도 합니다. 그런데, 문장을 곱씹을수록 쓴맛만 느껴지는 건 아님을 느끼게 됩니다. 나름 달큰한 맛이 숨겨져 있달까요.

사람이라는 존재가 영원할 수 없다는 건 틀림없는 사실입니다. 누구나 인정할 수밖에 없는 쓰디쓴 법칙이죠. 하지만, 사랑은 조금 다릅니다. 사랑은 영원히 존재합니다. 물론, 그 형태가 형형색색 바뀔 수는 있지만 본질은 바뀌지 않습니다. 한 가지 예를 들어 초반엔 연인이 설렘이라는 감정의 사랑을 나누었다면 시간이 지날수록 친근함과 편함이라는 감정의 사랑을 나누곤 합니다. 이때, 사랑의 모습은 바뀌었지만 두 사람이 여전히 서로를 사랑하는 건 변함이 없습니다.

연애도 마찬가지입니다. 연애의 결과가 '행복한 사랑'일 수 있고, '아픈 사랑'일 수 있습니다. 또한, 이별로 인해 남은 사랑의 잔 흔적이 상처일 수도 있습니다. 하지만, 어떤 모습이든 그건 사랑이었고, 여전히 그리고 앞으로도 사랑일 것입니다. 한때 우리는 사랑을 말했던 사이니까요.

그리고 이별의 슬픔을 쉽게 잊는다는 건 도심 속 길을 걷다가 다람쥐와 마주칠 확률과 같습니다. 그만큼 정말 내 의지대로 되기가 쉽지 않죠. 그래서인지, 오히려 아픔을 회피하기보다 기꺼이 받아들이고 경험하는 것이 더 나은 선택처럼 보이기도 합니다. 앞서 말한 문장처럼 사람 사이엔 만남이 있다면 헤어짐도 있으니, 인간관계의 유한성에 대한 쓸쓸함을 오롯이 느끼는 것이죠.

그렇다고 너무 오래 머무를 필요는 없습니다. 충분히 아픔을 느꼈다면 이제는 사랑의 본질만 가져가야 할 단계입니다. 내가 그 사람의 어떤 점을 사랑했고 어떤 추억을 나누었는지와 같이 '상대방'에게 초점을 맞추는 것이 아니라, 나는 그 사람에게 좋은 영향을 받았고 충분히 사랑의 감정을 느꼈던 것과 같이 '사랑했던 마음' 그 자체만 가지고 가야 합니다. 그래야 내 마음속 한편에 사랑의 불씨가 남아있을 테니까요. 그리고, 남아있는 불씨로 누구를 사랑하든 간에 그 본질을 계속 품을 수 있게 될 테니까요.

잊으려 애쓰지 말아요.
차라리 충분히 아파합시다.
그리고 난 뒤 사랑의 불씨만 간직합시다.

상상 이상으로

당신이 아프다는, 당신이 힘들다는 그 말을 들었을 때.
너무 마음이 아팠습니다. 그리고 그때 다시 느꼈습니다.

내가 당신을 상상 이상으로 많이 애정한다는 걸. 차라리 내가 대신 아팠으면 좋겠다는 간절한 기도를 할 만큼, 깊이 생각한다는 걸.

사랑한다면 그만두자

 한 번쯤 서로가 분명 사랑함에도 불구하고 상황이 여의찮을 때가 옵니다. 예를 들어, 취업이 잘되지 않아서 연인에게 괜히 미안한 감정이 든다던가. 그럴 때 흔히 떠오르는 생각은 '내 옆에 있어서 더 힘든 게 아닐까? 놓아주는 게 맞을까?'일지도 모릅니다.

 하지만 만약 사랑하는데, 그래서 헤어지기 싫은데, 서로를 위해 헤어지는 게 맞을지 고민한다면 당장 그만두었으면 좋겠습니다. 그건 서로를 위하는 게 아닐 테니까요. 혹시라도 미안한 마음이 든다면 그만큼 연인에게 더 잘해주면 좋겠습니다. 꼭 물질적으로 잘해주지 않아도 괜찮습니다. 물질적으로 잘해줘야 한다면 그건 비즈니스 관계지 사랑하는 관계로 보기 어려우니까요.

 사랑은 가끔 우리를 죄책감에 빠지게 하면서 헷갈리게 합니다. 그래도, 착각은 우리가 하는 것이지 사랑이 하는 게 아니라는 걸 기억합시다. 잊지 말아요, 사랑은 예나 지금이나 그대로라는 걸.

사랑이 남긴 건 그리움이 아니야

"분명 그대와 함께
사랑을 나누었는데
왜 나만 더 아파 보일까요?
왜 그댄 괜찮아 보일까요?"

사랑이 진행형일 때는 그 무엇보다 허용적인 성격을 가지지만, 사랑이 완료형이면 그 무엇보다 엄격해진다. 엄격해진 만큼 사랑의 결과는 꽤 상반된 모습을 나타낸다. 누군가는 이별에 몇 년을 아파하고, 또 누군가는 이별한 것조차 잊고 다시 자신의 삶을 살아간다. 그래서 참 야속하다, 사랑은. 더 아파하는 사람이 마치 더 사랑했던 것처럼 느껴져서 그럴까.

이렇게 야속한 사랑이지만, 그래도 우린 사랑을 마쳤을 때 한 가지 사실을 구분해야 한다. 바로, 그리움의 대상. 내가 그리워하는 대상이 무엇인지 구별해야 하는 것. 즉, 내가 아픈 이유를 찾아야 한다는 것이다.

사실 많은 사람이 이별로 인해 힘들어하는 가장 큰 본질적 이유는 '그 사람에 대한 그리움'이 아니다. 오히려 빈자리가 주는 공허함이다. 그동안 내가 느낀 감정은 뭐였을까, 우리가 나눈 시간은 뭐가 되는 걸까 하는 생각들이 머릿속을 지배하면서 지끈거리게 한다.

우리는 사람을 잃은 상실감 때문에 아파하는 걸까, 아니면 사랑을 잃은 상실감 때문에 아파하는 걸까. 만약, 후자라는 생각이 든다면 이렇게 스스로를 토닥이고 싶다. 사랑은 얻었을 때 큰 희열을 주지만, 잃었을 땐 더 큰 상처를 준다. 그렇기에 나는 지금 사랑이라는 감정으로 인해 자연스레 겪는 아픔의 과정을 지나는 중이라고. 지극히 당연한 거라고.

이제 조금은 이해가 갈지도 모른다. 우리가 각자 겪는 이별의 시간이 서로 다른 게 당연하다는 것을. 설령, 같은 크기의 사랑을 나누었다고 할지라도 말이다. 아마, 사람을 잃은 사람이 사랑을 잃은 사람보다 더 큰 후유증을 안고 있겠지.

그래서 서로의 그리움의 대상이 달랐기에 각자 다른 길이의 터널을 지나고 있지 않았을까.

사랑은
때때로 아픔을
데리고 다닌다.

그래서
참 야속하다.
희열도 주지만
상처도 주는 게
바로 사랑이라서.

내 멍은 붉은색입니다

 언제 생긴 멍인 걸까요. 분명 당신을 처음 만났을 당시엔 없었는데, 이따금 한 번씩 쏟아오는 아픔이 내게 예고했던 걸까요. 솔직히 나, 당신을 만나면서 행복하고도 많이 울었어요. 우리가 사랑한 증거로 남긴 편지와 사진을 살펴보면 제일 먼저 그대의 미소가 떠올랐지만, 그 종이 위로 떨어지는 건 항상 외로운 내 눈물이었어요. 분명 우린 사랑했는데, 나는 왜 그렇게 울었을까요. 아직도 모르겠어요. 서운함, 미안함, 고마움 이 세 가지 중에 무엇이 날 멍들게 했는지.

 멍은 붉은색으로 시작해서 파란색, 보라색, 녹색, 노란색 순으로 변한다고 하던데 나의 멍은 무슨 색깔일까요. 사실 잘 모르겠어요. 멍이 겉으로 드러나지 않거든요. 그래도 분명한 건 밝은색은 아닐 거예요. 생각보다 빨리 빠지지 않더라고요. 멍을 빨리 빼려면, 심장보다 높게 위치하라는데 그럴 수가 없어요. 나의 멍은 심장 속에 존재하니까.

  그래서인지 숨이 조금 막혀요. 우리가 사랑한 증거로 남긴 게, 이젠 서로의 편지와 사진이 아닌 '이별' 두 글자라서. 있잖아요 나, 멍이 빠질 때까지만 당신을 미워하고 그리워할게요. 심장이 온전해질 때까지만요. 편하게 숨을 쉴 수 있을 때까지만요.

조금은 객관적이게

그동안 많이 힘들었겠다. 아무리 시간이 지나도 잊지 못하는 스스로가 참 미웠겠다. 시간이 약이라는 말을 들어도 믿지 못했을 당신에게 충분히 아파해도 괜찮다고 이제는 말하지 못하겠다. 대신 우리 이별의 근거를 차근차근 모아보는 건 어떨까. 이별을 합리화하는 근거가 아닌, 받아들일 수 있는 근거를 찾아보는 건 어떨까.

이별은 나의 생각이나 예상과 다를수록 '도대체 왜?'라고 생각하며 부정하게 된다. 그래서 앞선 질문에 대한 답을 찾아보는 시간이 필요하다. 대표적인 질문의 예시로, "우리가 왜 서로를 좋아했지?", "우리는 서로에게 어떤 모습을 기대하고, 어떤 부분에 대해 실망했을까?", "각자 미련 없이 최선은 다해 보았을까?" 이러한 질문을 생각으로만 던지기보다 꼭 종이에 글자로 표현해 보았으면 좋겠다. 이별의 후유증이 길어질수록 관계를 다시 되돌아 보고 객관적인 근거를 하나씩 모아서, 아직 그 아픔 속 웅크리고 있는 나에게 보여주며 일어설 수 있도록 손 내미는 것이 필요하다.

사람답게 살고 싶다

 우연히 누군가 한숨을 깊게 내뱉으며 한 말을 들었다. "사람답게 살고 싶다" 사람답게 산다는 건 뭘까. 그 사람이 생각하는 '사람답게'의 기준은 무엇이길래 자신의 삶의 주인공을 '사람'으로 정의하지 않는 걸까.

 개인적인 생각으로 '사람답게'란, 내가 행복하면 기쁨을 느끼고, 내가 우울하면 슬픔을 느끼는 등 솔직하게 감정을 있는 그대로 흡수하고 또 내뱉을 줄 아는 것이다.

 이렇게 생각해 보니 우린 사람답게 살지 않을 때보다 못할 때가 더 많은 것 같다. 긍정과 부정을 둘로 나누며 남들이 좋다고 말하는 것만 따라가다 보면 자연스럽게 놓치는 감정이 생기기 때문이다.

우리는 각자 고유한 성격을 가지듯 다른 사람보다 내가 조금 더 잘 느끼는 고유한 감정이 있다. 그게 불안이든 우울이든 기쁨이든 설렘이든 무엇인지는 크게 중요하지 않다. 다만, 여러 감정을 모두 느낄 수 있도록 마음 한켠에 자리를 각자 내어주고, 비교적 자리 많이 차지하는 감정은 미리 알아두어 너무 욕심내지 않도록 잘 타일러야 한다.

　　그래서 나는 오늘도 사람답게 살기 위해 나의 우울에게 말을 건넨다.

　　"오늘은 나와 어떤 대화를 하고 싶어? 너의 이야기가 궁금해."

익숙해지는 게 필요해

    내가 가진 우울함이 잠깐 지나쳐 가는 것이 아니라는 걸 처음 알았을 때, 변화된 내 모습을 받아들이기 무척 어려웠다. '나도 예전엔 저렇게 잘했는데…'라고 생각하며 자꾸 과거와 현재를 비교했다. 그때, 의사 선생님께서 내게 하신 말씀이 아직도 기억난다.

    "받아들이기 어렵겠지만, 서연 씨는 보통 사람들과 다르게 지금은 100% 모든 기능을 다 발휘하기 어렵다는 사실을 알고 있어야 해요."

    무어라 반박할 수 없는 말씀이었다. 그래서 더 화가 났다. 자신의 아픔을 인정하는 순간부터 치료는 시작된다는 말도 있지만 믿고 싶지 않았다. 그치만 마음 한쪽으로는 '내가 이렇게 된 건 내 잘못이 아니야. 다른 사람들보다 조금 못할 수 있어.'라고 생각하며 안심했다.

언젠가 이 우울이 완전히 사라지는 날이 올 거라며 생각했던 날과 다르게, 지금은 마치 주기적으로 찾아오는 사이클처럼 익숙해졌다. 가끔은 우울도 익숙해지는 게 필요하다. 물론, 우울에 안주하는 것과는 확연히 다르다.

안주한다는 건 '내 우울은 절대 바꿀 수 없어'라고 스스로 못 박는 것이라면, 익숙해진다는 건 이십년지기 친구처럼 언제 만나도 낯설지 않은 것이다.

혹시 나 자신을 사랑하고 싶다면 가장 먼저 내가 가진 아픔부터 알아차리고, 다른 사람과 비교하기보다 있는 그대로 보듬어 주는 게 어떨까? 분명 사랑은 흠집조차 안고 갈 수 있는 큰 힘이 있을 테니까.

살기 위해

본격적으로 글을 쓰기 시작했던 이유는 나를 살리기 위함이었습니다. 내가 무슨 감정을 느끼는지 알 수 없어서 무작정 노트를 펴고 글을 적기 시작했습니다. 실제로 옛날에 쓴 노트 앞 장을 펼쳐 보면 대부분 내용이 '모르겠다'로 구성되어 있습니다. 하지만 점차 페이지를 넘길수록, 읽기만 해도 눈물 나는 에피소드가 읽혔고 작은 기쁨에도 잠깐이나마 만족할 수 있는 스스로의 모습이 보였습니다.

당신은 살기 위해 무엇을 하고 있나요? 아니, 무엇을 해야 살아갈 힘을 얻나요? '살다 보면 그저 살아진다'라는 말이 있지만 분명 그 속엔 오늘도 살기 위해 애쓰는 기특하고도 찬란한 우리의 모습이 담겨있을지 모릅니다.

에필로그
이제는 살리기 위해 글을 씁니다

  살기 위해 글을 쓰기 시작했던 시절을 지나 어느덧 글쓰기의 새로운 목적이 생겼습니다. 이제는 사람을 살리기 위해 글을 쓰고자 합니다. 사실 아픈 사람을 낫게 하는 건 의사만이 할 수 있다고 믿었습니다. 그래서 꼭 의사가 되고 싶다고 굳게 생각했습니다.

  그러던 어느 날, 한 사람의 메시지가 제게 도착했습니다. 내용을 요약하자면, 세상을 떠나고자 준비했던 분께서 제가 쓴 글을 읽으시고 다시 살아갈 용기를 얻었다고 감사 인사를 전해주신 연락이었습니다. 그 순간 가장 먼저 든 생각은 '다행이다. 살아주셔서 정말 다행이다.'이었습니다. 그리고, 사람을 살리는 건 꼭 신체적으로 고쳐 주는 것뿐만 아니라 잠시나마 기댈 수 있는 어깨를 건네줌으로써 행할 수 있다는 걸 깨달았습니다.

그저 제가 할 수 있는 일은 묵묵히 글을 써서 사람들에게 전하는 것입니다. 그래도 누군가 한 명에게라도 오늘을 살아갈 힘, 내일을 살아볼 용기를 줄 수 있다면 끊임없이 글을 쓸 것입니다.

부디 이 책을 통해 여러분의 감정을 되찾았기를 바라며, 오늘도 살아주어서 고맙습니다, 진심으로.

어쩌면 살아볼 만한 삶이겠다

초판 발행	2025년 02월 10일
글	이서연
펴낸곳	Deep&Wide
발행인	신하영 이현중
편집	신하영 이현중 윤석표 김철
도서기획	신하영 이현중 윤석표 김철
주소	서울특별시 마포구 성미산로1길 21 사울빌딩 302호
이메일	deepwidethink@naver.com
ISBN	979-11-91369-60-1

ⓒ 이서연 2025

파본은 구입하신 서점에서 교환해 드립니다.
이 책은 저작권법에 의하여 보호를 받는 저작물이므로 무단 전재와 복제를 금합니다.